仮説の日本史

定説では解けない謎の真相に迫る!

歴史の謎研究会［編］

青春出版社

はじめに

日本史は、いまだ「わからないこと」だらけです。

たとえば、聖徳太子、平清盛、源頼朝、足利義満、武田信玄、上杉謙信、明智光秀、大久保利通ら、日本史上の知られた人物の生涯をめぐっても、じつにさまざまな謎が存在します。出生の秘密にはじまり、謀殺・暗殺の影まで、いわゆる「正史」や「通説」では説明のつかないことが多すぎるのです。

古代史にいたっては、「わからないこと」のほうが多いといってもいいくらい。日本語という言葉は、どうやって生まれたのか？　卑弥呼の邪馬台国はどこにあったのか？　「倭の五王」とは、いったい誰なのか？　漢委奴国王の金印や『古事記』、憲法十七条にいたっては、偽物疑惑さえささやかれるほどです。

そこで、本書では、縄文時代から幕末・維新期まで、日本史上のさまざまな「わからないこと」を紹介し、その謎と疑問を解き明かそうとするさまざまな仮説を紹介しました。
あなたも、想像力と推理力を存分に働かせ、いまだ解けない「日本史の謎」をお楽しみいただければ幸いに思います。

歴史の謎研究会

２０２２年12月

仮説の日本史——定説では解けない謎の真相に迫る！＊目次

第1章　原始・古代 …… 11

第2章　鎌倉・室町時代

第4章 江戸時代

カバー写真／アフロ
本文写真／P12、23、39、89、91 ColBase (https://colbase.nich.go.jp)
P179、181、188 国立国会図書館「近代日本人の肖像」
(https://www.ndl.go.jp/portrait/)
P25 島根県観光連盟
本文イラスト／AdobeStock
DTP／フジマックオフィス

第1章

原始・古代

遮光器土偶のフシギなかたちは、何を意味しているのか

「遮光器土偶」は、縄文時代に作られた土偶の代表格。あの、目が大きく、ずんぐりむっくりした体型が愛らしい、通称「シャコちゃん」である。

「遮光器」とは、雪原のまぶしさから目を保護するため、細い隙間が開いた眼鏡状の道具。遮光器土偶は、目の中央に横線が引かれていることから、それが遮光器に似ているとされ、この名がついた。

では、遮光器土偶が何を表しているかというと、それはよくわかっていない。名前に反して、「目の部分

遮光器土偶（亀ヶ岡遺跡）

は遮光器を表しているわけではない」というのが定説とされてはいるものの、そもそもなぜそのような誇張した表現をしたのかはわかっていない。

また、全体的なフォルムにしても、大きな尻と乳を持つことから、女性とはみられるが、それ以上のことはよくわからない。

また、この土偶が発見されるときの「謎」についても解明されていない。遮光器土偶はなぜか、足が一本折れているなど、一部が欠けた状態で発見されることが多いのだ。

この点をめぐっては、土偶の足や腕を折るという行為に、呪術的な意味があったという見方がある。たとえば、ケガや病気をした人が、自分の身代わりに土偶の一部を壊し、快癒を願って祈りを捧げたなどの説がある。

いまも『魏志倭人伝』の記述以上のことはわからない卑弥呼とは何者か

中国の史書、いわゆる『魏志倭人伝』によると、卑弥呼は邪馬台国の女王。生涯、夫を持たず、弟の助けを得て、国を統治したという。

その古代の女王をめぐっては、その名前さえ、「固有名詞」かどうか、わかっていない。現在ではむしろ「普通名詞」だったという説が有力で、「姫」のことを「姫御子」というように、卑弥呼もそのような尊称（普通名詞）に、漢字を当てたものとみられているのだ。

すると、卑弥呼という尊称で呼ばれた女性には、本当の名前があったはずだが、その名はいっさい伝わっていない。中国の史書にも、卑弥呼という呼称以外、固有名詞は登場しないのである。

また、卑弥呼をめぐっては、その墓がどこにあるかも、わかっていない。『魏志倭人伝』には卑弥呼の墓に関しても記述されていて、卑弥呼が亡くなったとき、人々は「径百余歩」の塚を造ったという。その大きさは直径一二〇メートルから一五〇メートルだったと推定されるのだが、ではその墓はどこにあるのか？

邪馬台国が近畿地方にあったとする研究者には、奈良県桜井市の箸墓古墳が卑弥呼の墓だったとみる人が多い。

同古墳は、三世紀中頃から後半にかけて建造された前方後円墳で、卑弥呼の没年とされる二四八年頃と年代がおおむね一致するからである。二〇二〇年には、研究者チームが、物質を透過するミューオンという素粒子の力を利用して、同古墳を調査したことがニュースになった。

また、『魏志倭人伝』の記述の「径百余歩」の「径」を直径ではなく、周辺の長さとみると、直径四〇～五〇メートルほどの円墳がその条件を満たすことになり、多くの古墳が卑弥呼の墓の候補になりうる。

一方、邪馬台国九州説に立つ専門家は、卑弥呼の墓も九州にあるとみて、福岡県糸島市の平原(ひらばる)遺跡が卑弥呼の墓という人もいる。この遺跡は、弥生時代末期から古墳時代初期にかけて造られた墓で、こちらも卑弥呼が死んだ年代とほぼ一致するからだ。

また、『魏志倭人伝』によると、倭国では、二世紀後半、大乱があったという。内戦が続き、その戦いをおさめるため、男子の王に代わって、卑弥呼が擁立されて王座につくと、ようやく争乱がおさまったという。

この「倭国大乱」をめぐっても、わからないことが多い。各地の遺跡から、弓矢で射抜かれた遺体など、戦死したとみられる人骨が大量に出土していることから、組織的な戦闘があったとはみられるのだが、その戦闘の規模や原因が何であったかなどは、まったくわかっていないのだ。

いずれにしても、倭国大乱を経て、卑弥呼を中心とする政治体制が生まれたことは確かなようだ。卑弥呼が王座についたことで国情は落ちつき、三世紀中頃まで平和な時代が続いたとみられている。

弥生時代に入って、〝縄文的〟なものはどこに消えたのか

縄文時代から弥生時代への移行をめぐっては、一つ大きな謎がある。縄文人は、弥生時代以降、いったいどうなってしまったのか——という疑問である。全国各地に足跡を残している縄文人は、ある時代に、この日本列島から姿を消してしまったのだろうか。

じつは、縄文人骨の研究やＤＮＡ検査などによって、縄文人が現在の日本人と密接につながっていることが明らかになってきている。

また、考古学的な研究によって、弥生式土器は、西南日本には一気に広がったが、関東から先には、なかなか広がらなかったことがわかっている。

とくに、東北地方では、縄文時代晩期の亀ケ岡式土器が長く使われていた。出土した土器には、古墳時代になっても、まだ使われていたものまである。弥生文化が東北地方へはなかなか浸透しなかったことの証拠といえる。

また、北海道では、縄文文化から、弥生文化ではなく、金属器を持つが稲作をしない「続縄文文化」へと発展した。さらには、古墳文化の影響を受けた「擦文文化」に変わっていく。他の地域のように、縄文文化から弥生文化へという移行がみられないわけである。

これらの状況をみると、弥生文化が広まったあとも、縄文文化的な暮らしをしていた人たちが少なからず存在したことがわかる。文化の交替は一気に行われたわけではないのである。

やがては、そういう人たちも、弥生文化や古墳文化を受け容れるようになったとみられているが、どのように変遷していったのか、まだ具体的なことははっきりしない状態といっていい。

「漢委奴国王」の金印をめぐり、いまも「偽造説」がささやかれる理由は？

『後漢書』「東夷伝」によると、紀元五七年、奴国の王が後漢王朝から印をもらったという。

これが、現在、国宝に指定されている「漢委奴国王」の金印である。

この金印が発見されたのは、天明四年（一七八四）二月二三日のこと。この日、福岡藩の領内、博多湾に浮かぶ志賀島で、農民の甚兵衛は、田んぼの溝の修理をしていた。溝を掘っていると、やがて小石が出てくるようになった。さらに、大きな石が出てきたため、取りのぞいたところ、ピカッと光るものがみえたという。拾って水で洗ってみると、金の印判のようにみえた。

金印は、すぐさま藩主の黒田家に届けられた。そして、学者による鑑定の結果、『後漢書』に記された「漢委奴国王」の金印に違いないと判定されたのである。

『後漢書』には、倭の奴国の使者が漢の都である洛陽に参じて、貢ぎ物を贈ったお返しに、ときの光武帝が、使者に印綬（いんじゅ）を賜ったと記述されている。

甚兵衛によって発見された金印は、この記述を裏付ける証拠とされたのである。

しかし、この金印については、発見当初から〝偽物説〟が根強くささやかれてきた。

そもそも、中国の皇帝が、当時、多くの国に分かれていた九州の小国に、金印を贈るだろうかという疑問がある。『後漢書』にも、「印綬」（「綬」は印を下げるひものこと。現存していない）とは書いてあるが、金印とは書かれていない。

また、中国では、異民族の王を呼ぶのに「国」の字はつけないのが通例となっている。それなのに、「委奴国王」となっていたという疑問点もある。

さらに、つまみの部分の形は、異民族の王に贈るときは亀が通例なのに、この金印には蛇がかたどってある。

さらに、甚兵衛の口上書と福岡藩が作成した文書で、発見場所や状況が違っていることや、発見者である甚兵衛について詳しい記録が残っていないことも、偽物説の根拠とされてきた。

これに対して、真印説に立つ研究者は、偽作とすれば、『後漢書』の記述に合わせて「倭」とせずに、「委」の字を使っている説明がつかないという点を指摘している。

また、『後漢書』の「光武本紀」にも「東夷倭国王」とあり、印文に「国」を入れることも不思議ではないと主張する。

さらに、一辺が二・三センチの正方形であることが、「方寸の印」という規格に合っていることなども、真印である根拠とされてきた。

この金印が、昭和二九年(一九五四)、国宝に選定されるときも、真偽について議論されたが、結局、真印派が押し切る形となった。しかし、その後も、この国宝をめぐっては、偽作説が完全に消えたわけではない。

弥生時代のまぼろしの国「黒歯国」「侏儒国」とは?

中国の三国時代の史書の一つに、『魏志倭人伝』がある。卑弥呼を女王とする邪馬台国の記述があることで有名な歴史書だが、そこには邪馬台国の他にも、いくつかの国の様子が描かれている。

たとえば、「黒歯国（こくしこく）」や「侏儒国（しゅじゅこく）」という国々。こちらも邪馬台国同様、その所在地の特定もできていない。

黒歯国は、邪馬台国のはるか東南にあったとされる。歯が黒かったのは、ビンロウをかんでいたためではないかと考えられ、この国が存在していたとすれば、今の台湾を指すという説が有力である。

日本人にはなじみは薄いが、現在でも東南アジアにはビンロウをかむ習慣がある。ビンロウをかむと、歯が赤黒く、まだらになる。その、まだらを目立たせないために、歯を黒く染めたともいわれる。

日本列島の南、沖縄にもビンロウがないため、黒歯国は、それよりさらに南の台湾と考えられているのである。

もう一つの侏儒国も、詳細は不明である。

侏儒とは背が並みはずれて低い人々のことをさすが、特別に身長が低い集団が存在していたとは考えにくい。

ただ、『日本書紀』では、酒宴の場で、滑稽な技を見せる背の低い人々を侏儒と呼んでおり、身長の低い人々が特別視されていたことがわかる。だが、その背の低い人々が、一国を形成していたかどうかは、不明である。

『魏志倭人伝』によれば、侏儒国は、女王の国の南方にあったという。仮に、侏儒国が存在したとすれば、邪馬台国九州説をとるなら、鹿児島近辺。大和説をとるなら、南紀白浜あたりにあったと推定される。

「銅鐸は何に使われていたか」をめぐる仮説の読み方

銅鐸は、弥生時代の青銅器。釣り鐘を平たくしたような形で、表面には文様や素朴な絵が描かれているものが多い。大きさはまちまちだ。この銅鐸、何に使われたか、仮説はあるものの、いまだ判然としない。

大正時代、銅鐸の研究が盛んになった時期、まず唱えられたのは「楽器説」だった。たしかに、弥生時代初期に作られた銅鐸には、四〇センチから五〇センチ程度のものが多く、その大きさからして、内部に舌(ぜつ)を吊るし、音を鳴らしたものだった可能性が高い。

ところが、銅鐸はしだいに大型化し、高さ一・四メートルと、当時の成人の身長に近いものまである。それを吊り下げていたとは考えにくいので、銅鐸は、しだいに地上に置いて鑑賞する装飾的なものへと変化したとみられている。そして、銅鐸は楽器から「祭器」に変化したという説が有力だ。

祭器説によると、銅鐸は、ふだんは地面に埋めて保管され、祭祀のときだけ掘り返されて使用され、使い終わったあとは、再び土に埋め戻されたという。

しかし、その説に立つとしても、その祭祀にどのような目的があったのか、またなぜ銅鐸を地中に埋めていたのか、あるいは銅鐸がなぜ突然作られなくなったのか、まだ数多くの謎が残されている。

袈裟襷文銅鐸（けさだすきもんどうたく）（静岡県浜松市北区三ケ日町釣荒神山出土）

古代出雲の他とは違う〝独自性〟は、どこからくるのか

これまで、出雲地方では、多様な遺跡・遺物が発見されてきた。まず、出雲地方でよく見られる古墳は「四隅(よすみ)突出型墳丘墓」と呼ばれる四隅が飛び出している大型墳丘墓である。このタイプの古墳は、出雲を中心に山陰地方で発展した後、北陸地方でも造られた。

また、出雲地方では、これまで銅鐸や銅剣が大量に出土している。たとえば、荒(こう)神谷(じんだに)遺跡では、三五八本もの銅剣が大量出土し、それまでの銅剣の発掘数を一挙に倍にまで押し上げた。武器ではなく、祭器とみられるが、なぜこの地にこれだけ大量の銅剣が埋められていたのか、現在でも謎のままである。

また、日本神話にあって、出雲の地はヤマタノオロチの退治や、オオクニヌシの国譲り神話など、その舞台として重要な位置を占めている。それも、古代日本で出雲が〝特別〟だったことの証しとみられる。

荒神谷遺跡(島根県出雲市)

加茂岩倉遺跡(島根県雲南市)

「騎馬民族征服説」が与えたインパクトとは？

四世紀のヤマト王権は、朝鮮から海を渡って北九州へ攻め込んできた東北アジアの騎馬民族が開いたという説がある。

それが、「騎馬民族征服説」である。昭和二四年、東洋史学者の江上波夫氏が発表し、皇国史観を学んできた当時の日本国民には、大きな衝撃をもって受け止められた。江上博士は、のちに文化勲章も受けた戦後を代表する東洋史学者である。

江上氏が注目したのは、四世紀中頃以降、「古墳の形状が明らかに変化している」ことだった。規模は、それ以前に比べて急激に大きくなり、前方後円墳が主流になる。また、竪穴(たてあな)式だった内部の石室が、大陸によくみられる横穴式に変わっている。

さらに、決め手と考えられたのは「副葬品の変化」であった。それ以前、副葬品の中心は、鏡や玉、剣など呪術的なものだったのが、馬や兵士の埴輪、冠、靴などに変わっているのだ。

従来、こうした変化は時代の流れに応じたものと素朴に考えられてきた。ところが、江上氏は、これらの変化を異質なものへの転換ととらえたのである。つまり、この時期、民族的な分断としか説明のできない大きな変化があり、それを騎馬民族の征服によって起こされた変化だと考えたわけだ。

また、江上説によると、日本神話には、騎馬民族による征服が色濃く反映されているという。たとえば、「天孫降臨」は、騎馬民族が朝鮮半島から九州へ渡ってきたことを示している。また国つ神の天つ神への「国譲り」は、騎馬民族の倭人征服と考えられる。その後、九州を征服した騎馬民族は、応神天皇の時代に摂津や河内へ侵攻したとする。

この江上説が発表されてから、四一年後の平成二年（一九九〇）、韓国の金海市で「大成洞古墳群」が発掘された。この古墳群からは、東北アジアの古代騎馬民族の特徴である特殊な様式の墓も発見されている。また、騎馬民族らしい副葬品や風習の名残りも、多数認められる。

そうした点から、同古墳に埋葬された人々は、『三国志』の「魏書東夷伝」に、「流移人」とある辰王家にあたると考えられるという。つまり、東北アジアの騎馬民族だった辰王家が、加羅に王朝を築いていたことを示す根拠になるわけだ。そして、朝鮮半島が統一に向かう中、加羅の騎馬民族は、新天地を求めて海を渡ったのだと、江上氏は改めて指摘した。

こうした江上説に対しては、さまざまな反論がある。

最大の反論は、騎馬民族が来たというなら、馬の骨が多数出土するはずだという意見である。じっさい、わが国では、馬一頭分の骨が出土した例は少なく、出土例も、騎馬民族が攻め入ったという近畿より関東地方に目立っている。しかも、騎馬民族が征服したという四世紀より前の時代のものが多く出土しているのである。

また、古墳の変化は、征服による大転換ではなく、文化の伝来によって徐々に変化したものと考えるのが自然という反論もある。

さらに、騎馬民族が征服したというなら、その後の日本に相変わらず農耕民族的性格が色濃く残ったことをどう説明するかという疑問も見逃せない。

これらに対して、江上氏は、騎馬民族の特質は、自文化に固執することなく、新天地の文化を受け容れることにあるので、不思議ではないとしている。

また、馬の骨の出土が少ないのは、朝鮮半島から海を渡るとき、少数の馬しか連れてくることができなかったのではという意見もある。

昨今では、「騎馬民族征服説」に立つ研究者は少ないものの、この大胆な仮説が、完全には否定しきれていないこともまた事実である。

七支刀の発見は、「謎の四世紀」をどこまで明らかにしたか

俗に四世紀は〝謎の世紀〟と呼ばれている。その頃の日本の姿を伝える史料が、中国にもほとんどないからである。

そんな四世紀の謎を解くかもしれない存在の一つが「七支刀（しちしとう）」である。『日本書紀』にこの刀に関する記述があることは、広く知られていた。だが、現物はもはや存在していないだろうと考える人が少なくなかった。明治時代の半ば、それが一五〇〇年の時空を超えて登場したのだ。

奈良県天理市の石上（いそのかみ）神宮の宮司をつとめていた菅政友が、「同神社に秘蔵されている刀こそ、『日本書紀』に書かれた七支刀に違いない」と学会に発表したのだっ

た。

石上神宮は大和における最高位の神社で、もともとは古代豪族・物部氏の氏神だった。七支刀が納められた場所として、これ以上の場所はない。

七支刀は全長七四・九センチの鍛鉄製。名前のとおり、七本に枝分かれした異様な形をしている。四世紀、朝鮮半島の百済から贈られてきたものと、『日本書紀』にはある。

七支刀にも、記述を裏付ける銘文が刻まれていた。いまに至るまで判読できない文字も一部にある（だからこそ、異説も多い）のだが、「百済の王が倭王にもたらした霊力の備わった刀」と刻まれていた。

『日本書紀』によると、百済の王の使者が参内し、この刀を献上したという。これは、銘文にある泰（和）四年（三六九）から三年後の三七二年の出来事になる。

しかし、大きな謎は、当時の百済と日本との関係である。なぜ、〝謎の世紀〟とも呼ばれる四世紀の後半、百済からこのような宝刀が贈られてきたのか？　この問題は、当時、倭国と朝鮮半島の国々がどんな関係にあったかという、古代最大の謎を解きあかす鍵でもある。

四世紀後半、東アジアの政治情勢は激変していた。中国は小国乱立状態となり、その影響で高句麗が朝鮮半島を南下、新羅と百済をおびやかしていた。百済は倭国と結んで、高句麗に対抗しようとした。

『日本書紀』によると、三六七年から三七一年にかけ、日本は軍隊を派遣し、加羅、安羅など七県を新羅から取り戻したとある。「七支刀は、そのお礼として贈られてきたのではないか」というのが、通説的な見方である。

しかし、なぜ日本は百済と同盟したのか？　そもそも、なぜ、朝鮮半島の政治情勢にそこまで深くかかわらねばならないのか？――解明されていない点は多々残されている。

また、この七支刀という贈り物の〝趣旨〟もわからない。

百済王は、日本に服属する証しとして献上したのか。それとも、百済王が臣下である倭王に下賜したのか。または、対等の外交関係の上で、百済王が倭王に贈ったのか――その時代の百済と日本の力関係も、よくわからないのである。

ただ、当時、高句麗らと戦っていた百済に、日本を服属させるほどの余裕はなかったと考えられる。また、日本にも百済を従えるほどの力はなかっただろう。同等の力関係で贈られてきたと考えるのが有力である。

まだまだ、この七支刀の謎を含め、謎の世紀・四世紀の日本をめぐっては、謎がつきない。

中国の史書に記された「倭の五王」をめぐるいまだ解けない謎

中国の史書『宋書』などは、五人の倭王が朝貢してきたことを記録している。五人の名は、讃、珍、済、興、武といった。

これらの天皇が、中国に使者を遣わした目的は、当時、朝鮮半島で勢力を延ばしていた高句麗に対し、倭国の威信を高めることだったとされている。

四七八年には、「武」が、「東は毛人を征すること五十五国。西は衆夷を服すること六十六国」などと、父祖の国内統一の状況を述べ、高句麗との戦いに対する支援を求めている。

その頃、日本は、ちょうどヤマト王権の時代にあたる。ところが、日本の支配者とされる五人の王が、いったいどの天皇を指すのか、いまだにはっきりしないのである。

歴史的に見れば、この疑問をはじめて解こうとしたのは、江戸初期の儒学者、松下見林。彼は、著書の中で、五王の名前を次のように推定している。

讃は、履中天皇。その名がイサホワケだから、その中の「サ」をとって讃。

珍は、反正天皇。その名がミズホワケだが、ミズ（瑞）が「珍」に似ている。

済は、允恭天皇。その名がヲアサツヌワイコで、その「ツ（津）」が「済」と似ている。

興は、安康天皇。その名はアナホ、これがなまって「興」になった。

武は、雄略天皇。その名がオオハツセワカタケだから、「タケ（武）」は、その略である。

のちに、この松下見林の説は、いかにも根拠が薄いと否定的にみられ、以後多数の研究者が検討を重ねてきた。

現在では、讃が応神または仁徳、ないしは履中天皇。珍は反正または仁徳天皇。済が允恭天皇で、興は安康天皇。武は雄略天皇と比定する説が有力である。

結局、松下見林の説とあまり変わっていないことになるが、これで決着したというわけでもない。

また、その一方で、そもそも、中国史書における名前を倭国の天皇に無理に結びつけるのは無理があるという考えもある。そこから、九州にあった王朝の支配者の名でないのかという説も生まれた。

法隆寺の再建・非再建論争が〝決着〟するまでの経緯とは？

世界最古の木造建築物、奈良の法隆寺。推古一五年（六〇七）、聖徳太子（厩戸皇子）が創建したと伝えられる寺である。

この寺をめぐっては、現在なお、数多くの謎が残されたままとなっている。その中の一つに、かつて半世紀にもわたって、論争の的となったテーマがある。

法隆寺は一度燃えたのか、それとも燃えていないのか？　現在の法隆寺は太子が建てたものなのか？　それとも後に建て直されたものなのか？――という、いわゆる「再建・非再建論争」である。

焼失・再建説を学問的に主張したのは、黒川真頼（まより）や小林榲邨（すぎむら）という国学者だった。実際、『日本書紀』をみれば、結論は明瞭である。

簡明な記述で、天智九年（六七〇）四月の夜半、法隆寺は全焼したと記録されている。この記述にのっとれば、現在の法隆寺は、当然、後に再建されたものということになる。

一方、仏教界などでは、法隆寺は聖徳太子創建のままの姿と長く信じられてきた。いわば、『日本書紀』の記録は何かのまちがいという立場をとったのである。

非再建論を補強する材料もあった。たとえば建築史学者の関野貞は、法隆寺を実証的に調べ、法隆寺の建立には、大化改新（六四五）以前の物差し、高麗尺が使用されていると主張した。すると、六七〇年に全焼、その後再建されたのはおかしい話ということになる。

しかし、法隆寺周辺に「若草伽藍跡」と伝えられる、法隆寺とはまったく別の建物の礎石跡が残っていることは、動かせない事実だった。

昭和に入ると、この若草伽藍跡が重要視され、非再建派の立場から、「法隆寺二寺説」が唱えられた。

もともと、法隆寺近辺には、若草伽藍と法隆寺の二つの寺が並んで建っており、焼け落ちたのは若草伽藍というのが、二寺併立説の主張だった。

そして、昭和一四年（一九三九）、若草伽藍跡の大々的な発掘作業が行われることになった。すると、調査の結果、もし法隆寺が並んで建っていたとすると、二つの寺の回廊がぶつかってしまうことがわかった。これで、二寺説は否定されることになった。

その後の研究で、若草伽藍こそ、太子が創建した法隆寺であり、若草伽藍が全焼したあと、現在の法隆寺が七〇〇年代初めに再建されたというのが、定説になっている。

ちなみに、たとえそうだとしても、法隆寺が現存する世界最古の木造建築物であることに変わりはない。

しかし、それで疑問はおしまいというわけにはいかない。なぜ、法隆寺は焼け落ちたのか？　同じ場所に再建しなかったのはどうしてなのか——まだまだ謎はつきないのである。

「憲法十七条」の偽作説が根強くささやかれつづける理由

「和を以て貴しと為す」ではじまる「憲法十七条」。聖徳太子が制定したと伝えられるこの憲法は、一言でいえば、朝廷内で、各豪族たちが守るべき基準を示したものといえる。

その目的は、天皇を中心に、豪族を官僚化することにあった。内容的にも「一に曰く、和を以て貴しと為し」、「二に曰く、篤く三宝を敬え。三宝とは仏・法・僧なり」、「三に曰く、詔を承りては必ず謹め。君を則ち天とし、臣を則ち地とす」などと、道徳的な訓戒となっている。「憲法」といっても、政治と統治の基本ルールを定めた近代憲法とは、まったく性格の違うものといえる。

さて、この十七条の憲法をめぐっては、以前から、「聖徳太子がつくったのではない」という偽作説が根強くある。

まず、江戸時代後期の考証学者、狩谷棭斎が偽作説を唱え、昭和になってからは、津田左右吉が『日本上代史研究』(昭和五年・一九三〇刊行)で、「憲法十七条は、後世の偽作」という説を打ち出した。

津田の論拠は、聖徳太子の時代は、世襲制である氏姓制度が中心の時代にもかかわらず、憲法十七条の第八条には、「群卿百寮、早く朝り晏く退け」と、すでに官僚制度が成立しているような記述があること。また第十二条に、大化の改新以降の官制である「国司」が記載されていることである。

要するに、聖徳太子の時代には存在しないはずの言葉や発想が出てくるわけで、時代考証上、「偽作」の臭いが否定できないというのである。

さらに、津田は、憲法十七条が偽作されたのは、〝聖徳太子信仰〟が高まった天武天皇や持統天皇の時代ではないかと推測した。発表当時、この津田説は強い支持を受け、日本の上代史が大きく変わるかと思われた。

しかし、その後の研究では、聖徳太子の時代にも、すでに官僚化の萌芽はあり、「国司」も地方の国造を監督するために、臨時に中央から派遣された官職とみる説が有力となり、憲法十七条の内容は時代考証からいっても、決して不自然ではないと考えられている。

ただし、その一方、次のような疑問も生まれてきている。当時の蘇我氏は、天皇家に並ぶほどの勢力を誇っていた。この蘇我氏を初めとする有力豪族たちに対し、規制を強化するような規律を定めることが、政治バランス的にいって可能だったのか、疑問だというのである。現在でも〝偽作説〟が消えたわけではない。

聖徳太子二王子像（模本）

酒船石、亀石、猿石、岩船…奈良の石造物を覆う謎のヴェール

飛鳥時代には、巨大な石造物が数多く造られた。現在も、奈良県を訪ねると、男女が抱き合った石造物や猿の顔のような石像など、不思議な形の巨石を数多く目にすることができる。

ところが、これらの石造物がなんのために造られたのか、ほとんど見当がつかないのである。飛鳥時代以外では、同種のものが造られた形跡もなく、まったく謎のオブジェ群となっている。

それぞれの石には、のちに形や伝承によって、名前がつけられている。

たとえば、「酒船石（さかふねいし）」は、平らな石の表面に円形のくぼみがあり、そこから直線の溝が彫られている。この円形のくぼみに酒をためて醗酵させ、酒造りに利用していたという説があり、そこから酒船石という名前がついた。

しかし、その後、同様の一筋の溝を彫った石が一六個も見つかり、「観賞用の設

備ではなかったか」という説が、近年では有力になってきている。溝を彫った石と木の樋を組み合わせ、その溝に水を流して、流れる水をながめたのではないかというのだ。

また、大石を数個積み重ね、内部を空洞に造ってある「須弥山石（しゅみせん）」は、客人をもてなすための〝噴水〟のようなものではなかったかと推定されている。この石の下段には、四方に小さな孔があり、そこから水が流れ落ちるようになっている。夜、かがり火で照らせば、幻想的な噴水となったかもしれない。事実、韓国にも、似たような水宴用の仕掛け石がある。

しかし、一方で、油を流したという説、飲用水の供給に使ったという説もあって、まだはっきりしていない。

この他にも、用途不明、意味不明の巨石は少なくない。「猿石」は、その代表である。表裏に猿のような像が刻まれ、一面は男性、もう一面は女性を表現しているらしいが、何に使ったかはまったくわからない。

また、亀の形をした「亀石」というのもある。一二世紀の教王護国寺文書に、「西南隅字亀石」とあるから、平安時代の人たちが「亀石」と呼んでいたのだけは確からしい。

東西一〇メートル、南北七メートル、高さ七・五メートルという巨大な「益田の岩船」は、上面に幅一・七メートルの四角い穴が開いている。そしてこの巨石にはどこかから運んできたことを示す、縄のあとも残っている。

この岩船の用途は、昔から論争の的で、さまざまな仮説がある。

まず、江戸時代まで信じられてきたのは、平安時代の高僧、空海が建てたという説。その説によると、空海が灌漑用貯水池として造った益田池の完成を記念し、空海自身が碑を建てた。のちに、碑は石材として持ち去られたのだが、その台石だけが残ったというものだ。

現在では、この「益田の岩船」も飛鳥時代の建造物というのが定説となっている。この空海の台石説を否定したのが、江戸時代末の穂井田忠友である。彼は「古代の石棺説」を主張した。

また、『日本書紀』によると、六七五年に初めて星の運行による占いが行われたという記録が残っている。そのときこの船石が天文観測に使われたという説もあり、上面の二つの穴は、観測機器をそなえつけるためのものと見なされている。

さらに、作家の松本清張氏は、小説『火の路』の中で、「ゾロアスター教の拝火壇説」という大胆な仮説を主張した。

巨石建造物の上面にある二つの穴は、拝火用の火と水を入れるものだったという見立てである。この他にも諸説あって、真相はまったくわからない。

阿武山古墳は、藤原鎌足のお墓かどうかわからない

昭和九年（一九三四）、古墳発掘史上に残る大発見があった。

大阪府高槻市の阿武山（あぶやま）古墳を京大調査隊が発掘していたところ、漆塗りの柩が発見されたのだ。柩の中には、金の糸を身にまとい、ミイラ化した遺体が眠っていた。調べてみたところ、高齢の男性人骨とわかった。

当時、一般公開されると、わずか一〇日間で二万人の人が見学に訪れたというから、大きな注目を集めた発見であったことがうかがえるだろう。

金糸をまとっているところから、古代の天皇か、それに準じる高官と推定された。

しかし、わかったのは、そこまでだった。政府の横槍で、この調査はいきなり中断させられてしまう。

当時、軍靴の音が高く鳴りはじめていた。天皇家との関係から、内務省が憲兵隊を動員して、研究者らの立ち入りを禁止、すばやく埋めもどしてしまったのだ。

この阿武山古墳の被葬者が再び脚光を浴びるのは、昭和九年の発掘から五三年ものちのことである。

昭和六二年、発掘された遺体のX線写真がコンピューター解析された。その結果、遺体のまとっていた金糸は、「藤原鎌足(かまたり)に贈られた大織冠(たいしょっかん)」ではないかということになってきたのである。

「大織冠」とは、藤原鎌足が死ぬ直前、天智天皇から下賜された冠。『日本書紀』に、その記録が残されている。もし、金糸が大織冠のものなら、阿武山古墳は藤原鎌足の墓ということになる。

さらに、解析をすすめたところ、被葬者の人骨は、肋骨が三本折れているなど、死ぬ前、大きな事故にあっていたことがわかった。おそらく、高所から転落したか、落馬などの事故にあい、養生している間に死亡したものと推測された。

さて、藤原鎌足は、のちの天智天皇である中大兄皇子とともに、改革を推進した人物。古代を代表する政治家といえる。

『日本書紀』によると、彼の最期の様子はこうである。乙巳（いっし）の変から二四年後の六六九年、鎌足は大津京の私邸で病にかかった。一〇月一〇日には、天智天皇が鎌足を見舞い、その六日後、鎌足は死んだ。

しかし、この鎌足の病がどんな病気だったのか、その点に関して、『日本書紀』ははっきりと伝えていない。

『日本書紀』の鎌足関係の記述によると、鎌足は死ぬ五カ月前、猟に出かけている。阿武山古墳の被葬者が鎌足だとすれば、彼はこのとき落馬して、肋骨を折ったとも考えられる。また、八月三日には、鎌足の家に雷が落ちている。このときに大ケガをしたのかもしれない。

そして、平成元年、さらにショッキングな情報が明らかになった。阿武山古墳の被葬者の頭髪から、「砒素」が検出されていたのだ。

砒素といえば、むろん毒薬である。そこから、「鎌足暗殺説」が急浮上したのだ。『日本書紀』が鎌足の病について、詳述を避けたのはそのためとも考えられなくはない。

しかし、この時期、鎌足を毒殺する動機を持っていたのは誰か、つまり鎌足の死によって得をするのは誰かということになると、よくわからない。

また、当時は、砒素を含む薬が、万病に効く薬として珍重されていたという。鎌足は、砒素の毒性をよく認識しないまま、事故後の治療薬として、砒素をふくむ薬を服用していたという可能性も考えられる。

「最初に日の丸を使いはじめたのは誰か」をめぐる議論とは？

日の丸を最初に〝国旗〟と定めたのは、明治三年（一八七〇）一月二七日に発布された「郵船商船規則」。太政官布告第五七号と呼ばれるこの規則で、商船に掲げるべき国旗と規定された。

では、そのデザインの起源はというと、はるか八世紀初頭の大宝年間にまでさかのぼることになる。『続日本紀』によると、大宝年間の正月元旦、儀式会場の飾りつけに、「左日像青龍朱雀幡　右月像玄武白虎幡」が並べてあったという。

文武天皇が、天皇の政務儀式を行った大極殿に、外国の使者を左右に並べて朝賀の儀を行ったときのことである。確証はないが、その飾りの中の「日像」こそ、日の丸の原型でないかと見なされている。

ちなみに、「日像」には金塗りの円板に「八咫烏」が描かれる。「八咫烏」は、中国の伝承では、太陽の中に棲む三本足のめでたい鳥のことをいうが、現在の日本サッカー協会の協会旗にも描かれている鳥といえば、あれか、と思い出す人もいるだろう。

また、武士が台頭した平安末期、源平を問わず、朝廷を敬い護るという意味あいから、赤い丸を描いた扇がよく用いられた。源氏の弓矢の名手、那須与一が、見事に射落とした扇も、「紅に日いだしたる扇」（『平家物語』）だったという。

さらに、戦国時代には、武田信玄や上杉謙信、伊達政宗などの武将も、この赤丸を描いた扇を用いたという。それが、天皇に認知されているという証しだったのである。

江戸時代になると、日の丸は、公儀の船の証しとして用いられるようになった。

四代家綱の頃、幕府への年貢米輸送のときは、朱の丸をつけ、その下に苗字を書くようにと命令が出ている。

また、ペリーの黒船が来航した一八五三年には、島津斉彬(なりあきら)が、建造した船に、異国船と混同しないよう、白帆に朱で日の丸を描いていいだろうかと、幕府に申し出ている。幕府は、対応に困ったのか、翌年七月になって、ようやく返事をする。そこで、大船については、白地に日の丸の旗を用いることが決定されている。

そして、このときの決定が、冒頭で紹介した明治三年の太政官布告第五七号「郵船商船規則」につながっていく。

その起源は明確ではないにしても、現在の日の丸は、このような一〇世紀以上の経緯を経てできあがったというわけである。

日本語のルーツについて、いまどこまでわかっているのか

日本語のルーツは?——近代的な言語学の知識が入ってきてから、このテーマを

めぐっては、さまざまな研究が行われてきた。しかし、現在にいたるまで、定説となるものは存在しない。

まず最初に、日本語のルーツではないかと着目されたのは、アルタイ語だった。アルタイ語とは、トルコから中央アジア、中国の東北地方、シベリアなどの言語の総称で、トルコ語、モンゴル語、ツングース語、朝鮮語などが含まれる。

音節が簡単なことや、音節が母音で終わること。また「きれいな花」というように、修飾語が修飾される語の前にくること。名詞に性別や単複の区別がないことなどの特徴が、日本語とよく似ている。

しかし、日本語とアルタイ語では、文法面での共通性はあっても、発音の対応がうまくいかない。

たとえば、朝鮮語と比較してみると、笠は「kasa（日）」と「kas（朝）」といった形で対応する。また、モンゴル語とでは、道が「miti（日）」と「mor（モ）」というように対応がみられる。だが、どの言語も、そのような対応はごく一部にとどまり、関係を証明するにはいたらない。

このため、近年の研究には、「アルタイ語に代わりうる別の日本語に近い言語を探す方向」と、「アルタイ語以前に基礎となったもっと古い言語があるはずとする方向」の二つの流れがある。

後者の立場にたち、かつて国語学者の大野晋氏が提示したのが「南インド・タミール語」説。音韻対応の法則でも、日本語とよく合い、稲作農耕技術など、言葉以外の面でも共通項が多いとしている。

二〇二一年には、ドイツをはじめとする研究チームが、いまから9000年ほど前、中国東北部でキビやアワなどを栽培していた農耕民の言語が、その後東西に拡がっていったという説を発表し、日本語のもとになる言葉の発祥に関する話だったこともあって、話題となった。とはいえ、どの時点でどの言葉が混ざってきたかなど、細かな経緯には不明な点も多い。今後の解明が待たれるところだ。

『古事記』と『日本書紀』——偽書、捏造の疑いが残りつづける古代の二書

『古事記』と『日本書紀』は、ともに古代の様子を伝える史書だが、この二大史書

をめぐっては、いまだ解けない謎が多数残り、「偽書」説、「歴史捏造・改ざん説」も根強くささやかれ続けている。

まず『古事記』は、日本最古の歴史書とされ、和銅五年（七一二）、太安万侶が編纂し、元明天皇に献上したとされる。

しかし、その『古事記』をめぐっては、「偽書」説が古くから存在するのだ。七一二年成立ではなく、それより後の年代、たとえば平安時代になってから書かれたとみる専門家さえいる。

たとえば、『古事記』の成立から八年後に成立した『日本書紀』（養老四年・七二〇成立）は、『古事記』について一切触れていない。きわめて、不自然なことだ。

また、『古事記』の序文と本文では、文体が明らかに異なるため、本文は本物であったとしても、成立の様子などを伝える序文は、後世に付け加えられたものという説もある。

一方、『日本書紀』をめぐっては、その記述の信憑性を疑う声が、多数の専門家から上がっている。この日本初の「正史」は、当時の権力者にとって、都合のいいように歴史を書き換えているという疑惑である。

『日本書紀』は、天武天皇の時代（六八一年）に編纂がはじまり、約四〇年の歳月を要して、養老四年（七二〇）に成立したとみられている。天武天皇は、壬申の乱に勝利し、権力を奪った天皇である。そこで、天武朝こそ、正統な王朝であることを、内外にアピールする必要があって、自らを正当化するという意図のもとに編纂がなされたともみられるのだ。

平安京への遷都をめぐる“二転三転”の裏で起きていたこと

学校の歴史では、平城京の次の都は平安京と覚えていればいい。しかし、現実は、平城京から平安京へ、すんなりと都がうつったわけではない。

都を京都へ移したのは桓武天皇だが、最初に造営したのは京都南部の長岡京だった。平安京よりも、水運の点で、はるかに便利な場所だったのである。

国内の支配体制が固まると、都への交通量や輸送量が急激に増えた。当時、輸送の中心は水運であり、生活面でも川への依存度は高かった。そこで水の便に恵まれていた長岡京の地が、新都造営の場所に選ばれたのである。

ところが、長岡京の造営事業開始からわずか一〇年後、桓武天皇は、現在の京都へ、再度、都をうつす。その理由は、「桓武天皇が怨霊に苦しんだため」だったという説がある。

桓武天皇が長岡京を都とし、造営事業を始めたのは延暦三年（七八四）のことだった。しかし、翌年、遷都の推進論者で、新都の造営長官だった藤原種継（たねつぐ）が暗殺されてしまう。そして、この暗殺にからんでいたとして、桓武天皇の弟で、皇太子の早良（さわら）親王に疑いが及んだ。

早良親王は乙訓寺（おとくにでら）に幽閉された後、淡路へ配流となった。だが、彼は食を絶って、淡路へ向かう船中で死亡した。

もともと、桓武天皇が平城京を捨てたのも、権力争いが原因だったとみられる。当時、皇族は、天武天皇から聖武天皇につながる血筋をひく「天武派」と、桓武天皇などの「天智派」の二派に分かれていた。そして、「天武派」は、「桓武天皇は、奈良に都を開いた聖武天皇の正統な血筋でない」とみて、彼の皇位を否定しようとしていた。

そんな中、桓武天皇は、天武派のイメージの強い平城京を脱出し、天智派の新都を造ることを目的として遷都に踏み切ったのだという。

一方、桓武天皇の弟の早良親王を皇太子にしたのは、父の光仁天皇だった。父の死後、桓武天皇は、自分の息子を皇太子にしたくなった。誰しも息子はかわいい。弟より息子を後継ぎにしたいと熱望するのも無理からぬことだ。つまり、早良親王は、桓武天皇の陰謀によって追い落とされたのではないかとも考えられるのだ。

そう推測されるのも、のちに桓武天皇のまわりで起きた不幸が、早良親王の怨霊のせいではないかと噂され、桓武天皇自身、その怨霊にかなり怯えていたといわれるからなのだ。

早良親王の死後、代わって皇太子となった息子の安殿親王が病気になったのを皮切りに、母と二人の妃が相次いで死去。さらに、建設中の長岡京が、二度の大洪水によって大打撃を受けるなど、不吉なことが相次いだ。そして、これらの不幸な出来事は、早良親王のたたりと信じられるようになったのである。

それ以上、長岡京にとどまることに恐怖を感じた桓武天皇は、造営中にもかかわらず、再度の遷都を決意し、延暦一三年（七九四）、平安京に都を定めたという。

少なくとも、天変地異の続出する長岡京が、都として適切ではないと考えられたのは事実だ。その原因が怨霊であったかどうかの真偽は不明だが、その後、平安京になっても、洪水や干ばつなどの被害があると、怨霊のしわざとして、それらを鎮魂する儀式が行われたのは確かである。

祇園祭をはじめ、京都の多くの祭りは、この時代の怨霊鎮魂を起源としている。

「応天門事件」の〝スッキリしない決着〟をどう考えたらよいか

平安京には、かつて朱塗りの巨大な門があった。「応天門」である。

この応天門が、突然燃え上がったのは、清和天皇在位中の貞観八年（八六六）三月一〇日夜のことだった。

この時代の正史である『日本三代実録』によれば、大納言の伴善男（とものよしお）が、左大臣源信（みなもとのまこと）の失脚を狙って放火。その後捕らえられ、伊豆へ流されたということになっている。

しかし、「正史」は権力闘争に勝利した権力者たちによって、編纂されるのが常だ。自分たちの都合のいいように歴史が書き換えられていないともかぎらない。応天門に火を放ったのが、本当に伴善男だったのかどうか、その真相はいまだに謎に包まれたままだ。

応天門のあった朝堂院は、即位式や朝賀をはじめ、国家の重要な儀式が行われたところである。そのため、応天門から火が上がって、大騒ぎになったのは事実だったようだ。

放火犯人の名前が浮かんだのは、火事から五カ月ほどたった八月三日のことだった。京の住人で備中権史生の大宅鷹取が、応天門の放火は、伴善男と子の右衛門佐中庸の共謀によるものと訴え出たのだ。そのため、大宅鷹取は検非違使庁に身柄を移され、事情を聞かれたという。

この訴えに基づき、八月七日には、犯人とされた伴善男の尋問がはじまったという。ところが、その後、事件は、意外な展開をみせる。八月下旬になって、大宅鷹取の娘殺しのかどで伴善男の僕従の二人が拷問を受けたのである。

この間、伴善男は一貫して〝犯行〟を否認しつづけた。しかし、〝別件逮捕〟された僕従の自白によって、伴善男親子の放火の罪が確定し、伴善男は伊豆へ、息子の中庸は隠岐へ流された。

また、この罪が確定するにあたっては、夜遅く家へ帰ろうとした舎人の目撃証言もあったとされている。

その夜、舎人が応天門の前まで来ると、ひそひそ話す声がする。様子をうかがうと、伴善男親子が柱からずり降りてきて、朱雀門の方へ一気に走り去ったという。そして、舎人も、家路を急いで途中まで帰ると、「宮城の方が火事だ」という大声が聞こえた。戻ってみると、応天門が燃えていたというものだった。

しかし、この話だけでは、伴善男親子が犯人であるか、その動機はなんであるか、まったく説明できない。また、大宅鷹取の娘殺しと応天門放火が、どう関係しているのかもわからない。

さらに、尋問を受けていた伴善男は、応天門の放火は左大臣の源信のしわざであると申し出て、一度、朝廷は源信を罰しようとしたこともある。

しかし、その話を聞いて驚いた実力者の藤原良房が、「訴えた人の讒言(ざんげん)によるものかもしれない。よくよく調べたうえで」と天皇に進言、伴善男の訴えは、確証が得られないと退けられている。

この話は、のちに、伴善男が源信の失脚を狙って放火したことの裏づけとされるが、これこそ確証の得られていない話である。

平安京最大の怪事件「応天門事件」の背景に、なんらかの政治的な陰謀があったことは確かなようだ。しかし、政治的陰謀の真相は封印されるのが歴史の常だ。そして、後世に謎を残していくのである。

菅原道真の失脚からはじまった〝怖い噂〟の真相

学問の神様として広く知られている、菅原道真。今でも、彼を祀る各地の神社を訪れる受験生は少なくない。

道真は、平安時代初期、学者としてスタートし、右大臣にのぼりつめたが、突然失脚し、九州の大宰府に流された。そして、失意のうちに京にこがれる歌をのこし、亡くなったというエピソードは有名である。

菅原道真を引き立てたのは、宇多（うだ）天皇だった。宇多天皇は道真を厚く信頼し、道真は藤原家の出身以外では異例ともいえる出世を重ねた。

しかし、当時の朝廷内で絶大な力を誇っていた藤原氏が、これを面白く思うはずがない。九〇一年、醍醐（だいご）天皇の時代になると、藤原氏は道真追い落としを図りはじめた。藤原側の中心人物は、藤原時平（ときひら）である。

時平は、醍醐天皇の耳に道真の悪口を吹き込んだ。内容は「道真は醍醐天皇を廃し、別の親王を立てようとしている。そして、すでに宇多上皇の許可を得ている」というものだった。

醍醐天皇は、時平の言い分を信じたようだ。そして、まもなく道真を大宰権帥（だざいのごんのそち）に任命する。これは例のない大左遷であり、事実上の島流しといえた。このとき、宮中で働いていた道真の息子たちも、すべて左遷されている。

道真が失意のうちに大宰府で病死したのは、それからわずか二年後のことだった。

通説に従えば、道真が失脚した理由の第一は、宮中に道真派が少なかったことにある。藤原側が陰謀を練る間、道真はまったく時平らの動きを察知していなかったという。もともと、道真は学者肌の人物であり、こういった政治的な陰謀に対処するセンスもなかったと考えられている。

しかし、この説は、時平が醍醐天皇に耳打ちした話が〝デマ〟であり、道真があくまでも学者肌の人間であったということを前提にしている。

もともとは学者だったとはいえ、道真は右大臣にまでのぼりつめた政治家である。しかも、藤原家という後ろ楯を持たずに出世していることを考えると、相当な政治的実力の持ち主であったとも考えられるが、後世、道真の神格化がすすむにつれて、「道真＝善玉、時平＝悪玉」の図式が確立したとみられる。

ちなみに、道真は死後、大きな〝影響力〟を残した。もっとも力の強い怨霊として、藤原家を中心とした貴族社会に大いなる恐怖をもたらしたのだ。道真の死からわずか六年後、時平が三九歳で急死したのも、道真のたたりに違いないと考えられた。さらには、時平の子どもが相次いで亡くなったことも恐怖を増幅させた。

そのクライマックスは、九三〇年、天皇の住まいである清涼殿への落雷だった。道真追放の片棒をかついだ公家四人が死亡、醍醐天皇もこの落雷がもとで、まもなく亡くなってしまった。

こうした道真の怨霊への恐怖がピークに達したころ、後述する将門（まさかど）の乱が起き、都の人々をさらなる恐怖へとたたき込むのである。

清少納言と紫式部の「本名」をめぐる、考えてみれば不思議な話

『枕草子』を著した清少納言と、『源氏物語』を書いた紫式部。平安文学を代表する二人だが、この二人、その本名からして、はっきりわかっていない。

まず、二人の〝デビュー期〟から、話をすすめると、清少納言が中宮定子（ていし）のもとに出仕したのは、正暦4年（九九三）頃のこととみられる。定子は清少納言を深く信頼し、紙と筆を与えて、執筆をすすめたのも、定子だった。ところが、定子は長保二年（一〇〇〇）に死去、清少納言は宮中を去ることになった。

一方、紫式部が中宮彰子（しょうし）のもとに出仕したのは、寛弘二年（一〇〇五）のこと。だから、二人は少なくとも宮中では、顔を合わせていないことになる。

ただし、紫式部が清少納言の存在を意識していたことは確かで、清少納言のことを「したり顔をしてひどい人」などと、こき下ろす記述が残されている。

しかし、この二人、その他の人生の詳細については、わからないことだらけである。まず、二人とも、本名すらわかっていない。「清少納言」の「清」は実家の「清原」姓から、「少納言」は親族の役職名からとった通称であり、本名ではない。また、「紫式部」も、源氏物語の「紫の上」にちなんで、あとから付けられた通称。「式部」は、父藤原為時の役職からとったとみられる。

要するに、ともに「実名」はわかっていないのだ。平安時代の女性の名前がわからないことは珍しいことではないが、千年を超えて残る文章を書いた二人ですら、本名に関する記録はいっさい残されていないのだ。

「承平・天慶の乱」の平将門と藤原純友をつなぐ〝線〟とは？

ビルが立ち並ぶ東京・大手町の一角には、いまも平将門の首塚が残っている。超のつく一等地だけに、何度か、移転が計画された。しかし、そのたびに工事関係者に変死が続出するなど、奇怪な事件が起きて、沙汰やみとなってきた。

現在なお、平将門の霊力が移転を阻んでいると考える人も少なくない。荒俣宏氏のかつての大ベストセラー『帝都物語』も、将門の怨霊が一つのモチーフとなっている。

さて、平将門は、平安時代、朝廷に反逆し、いわゆる「将門の乱」を起こした人物である。

ただ、彼は最初から〝革命〟を目指したわけではなかった。彼の軍事行動は、ごくプライベートな問題から出発したもので、朝廷の地方官である下総の国司・平良兼と争いはじめたのは、所領争いが発端だったとも、女性をめぐる争いだったとも伝えられている。

将門は九三五年、平良兼の軍勢を打ち破るが、この時点でもまだ朝廷に反逆するという考えはなかった。戦いのあと朝廷から呼び出されると、将門は素直に出頭に応じ、弁明したという記録が残っている。

しかし、その後、将門は、関東で争い事が起きると何かと口実をつくっては介入し、ついに朝廷から謀叛の疑いをかけられる。これで、将門も腹が決まったのか、九三九年一一月、常陸国府を襲撃、国司の印鑑と倉庫の鍵を強奪した。

印鑑を奪うことは行政権を奪ったことを意味し、倉庫の鍵を奪うことは徴税権の剥奪を意味する。この行為で、将門は朝廷への反逆を明らかにしたのだ。

将門の動きは迅速だった。上総、下総、上野（こうずけ）などの国府をすばやく占領、またたくまに関東八カ国と伊豆を平定した。そして、「新皇」と名乗り、弟らを新しい国司に任命。中央政府の権力を完全に否定した行為に及んだ。

同じ頃、瀬戸内海でも、反乱の火の手があがっていた。瀬戸内を根城にしていた海賊・藤原純友（すみとも）が、伊予と讃岐の国府を制圧したのだ。

これで、山陽道以西も無政府状態になった。

純友は、もともと伊予で海賊の取締りをしていた地方官だった。しかし、任期が終わっても帰京せず、自ら海賊行為を働きはじめたのだった。

この純友が起こした乱と将門の乱（まとめて承平・天慶の乱という）は、同じ年の出来事だったので、朝廷では当然、将門と純友は共謀関係にあると考えた。当時の会議記録を見ると、東西の反乱は同じ会議で扱われ、共謀を前提として扱われている。

さらに、平安後期の『大鏡』や、南北朝時代の『神皇正統記』など、後世の歴史書も、東西の共謀を前提として、これらの反乱を記録している。さらに、時代が下ると、「将門と純友は一緒に比叡山に登り、勝利を誓いあった」と、見てきたような嘘を書くものまであらわれた。

これらの史料によって、いわゆる「東西呼応説」は長らく歴史的事実のようになっていたが、現在では否定的な見方をする研究者が多い。

そもそも、将門の動きはかなり無鉄砲なもので、その経緯から考えても、両者が共謀していたという形跡はみられない。結論としては、関東での反乱を知った純友が、混乱に乗じて一暴れしようと国司を襲撃した、という見方が有力だ。

将門の反乱は数カ月で平定され、まもなく純友の乱も博多の海陸での戦いのあと、鎮圧された。

平清盛の出生をめぐって、これまで語られてきた〝怪しい話〟

平安時代、法皇や上皇が政治をつかさどる、いわゆる「院政」の時代が約一一〇年間続いた。その間、院と直接結びついた武家が、貴族に代わって力を持つようになる。

武家の中でも、平清盛は、白河院に引き立てられ、数多くの公家をおしのけ、異例の出世を遂げる。ついには太政大臣にまで昇りつめ、「平家にあらずんば人にあらず」といわしめるほどの栄華を誇るのである。

この清盛の父は、一般的には平忠盛ということになっている。しかし、それが真実なのか、どうもはっきりしないのである。

たとえば、『平家物語』の「祇園女御(にょうご)」の巻には、清盛の父親は白河院であると記されている。話はこうである。

ある夜、白河院が、祇園女御のところへ通う途中、供の者たちが大騒ぎをした。一人の法師が、闇の中を灯をつけて歩いているのを見て、鬼と見間違えたのである。その様子を見て、白河院も「鬼を射殺せ」と命じたが、忠盛は「生けどりにせん」と組みついた。おかげで鬼の正体がわかって、法師は命拾いしたという。

このとき、白河院は、忠盛の勇気と冷静さに感じ入り、自分の寵姫である祇園女御を妻として忠盛に与えた。しかし、そのとき、祇園女御はすでに妊娠していたというのである。

『平家物語』は、その子こそ、清盛だったと伝える。それを真実とするならば、清盛の実の父親は白河院で、母親は祇園女御だったということになる。

その後、白河院が亡くなったとき、忠盛は入棺の役をつとめているのだが、この大役をおおせつかったのも、清盛の出生に深い因縁があったためと説明される。

ところが、明治になって、清盛の母が祇園女御であることを否定する有力な文書が見つかった。滋賀県湖弓神社に伝わる「仏舎利相承系図」という文書で、それには祇園女御には妹がいて、姉と同じように白河院の愛を受けていたが、清盛をはらんだのち忠盛に下賜されたとあったのだ。

つまり、この文書によると、清盛の父親はやはり白河院だが、母親は祇園女御ではなく、その妹だったということになる。たしかに、そう考えると、この妹が死んだ年と、忠盛の妻が死んだ年がピッタリ重なり、つじつまがあう。

清盛の実の父親は忠盛なのか、それとも白河院か。実の母親は祇園女御か、その妹なのか。はたまた、祇園女御の妹は忠盛の妻と同一人物なのか。幾重にも重なった謎はいまだに解けないままである。

事実としてはっきりしていることは、清盛が武家の子でありながら、白河院の引き立てで幼児期から異例な出世を重ねた、ということである。

壇ノ浦に散った安徳天皇の〝その後〟の話が各地に残る理由

安徳天皇の短い生涯には、その誕生から不吉な影がさしていた。ひどい難産で、それがたたりのせいではないかという噂が宮中に流れたのだ。

その前年、平家討伐を企てた鹿ケ谷(ししがたに)の陰謀が露顕。殺された藤原成親(なりちか)の怨霊や、鬼界ケ島に流された俊寛らのたたりのせいではないかと考えられたのだ。そのため後白河法皇自らが、千寿経を唱えると、ほどなく安々と誕生したという話も伝わっている。

また、その知らせに、新皇子の母親の建礼門院の父である平清盛は、思わず声をあげて泣いたと『源平盛衰記』は記している。治承二年(一一七八)一一月のことである。

この皇子は、わずか二歳で皇位を継いだ。しかし、清盛亡きあと、京に攻め込んだ木曽義仲に追われた平家一門とともに、西国に落ちる。さらに、源義経にも追われて、ついに一一八五年、山口県の壇ノ浦の戦の際、二位尼（にいのあま）（平時子・清盛の夫人）の胸に抱かれて入水した。わずか七歳で、瀬戸内海の水面下に消えてしまったのである。その御陵は、下関市の阿弥陀寺陵である。

のちに、この入水シーンは、『平家物語』のクライマックスとなり、安徳天皇は世の多くの人々の涙を誘うことになった。

ところが、この安徳天皇をめぐっては、じつは戦場から落ちのびていたという説が、根強く存在する。ひそかに壇ノ浦から脱出したというものだが、生存地として語られるのは、主要なところだけでも、阿波（徳島県）祖谷（いや）の奥、豊前（福岡・大分県）かくれ箕の里、肥後（熊本県）神護寺、日向（宮崎県）院の社、因幡（鳥取県）安徳寺などがある。

変わったものとしては、入水から六三二年後の江戸後期、摂津（兵庫県）能勢郡出野村の農民、勘兵衛の家で発見された古文書の話がある。家の柱にくりつけられていた竹筒の中に入っていたという古文書には、安徳天皇が壇ノ浦から脱出したのちの足取りが記されていた。書き手は、壇ノ浦で行方不明になったとされた藤原経房だという。

それによれば、一族の運命をさとった二位尼が、ひそかに建礼門院と安徳天皇を別々の船にのせて戦場を脱出させ、建礼門院は源氏に捕らえられたが、天皇は脱出に成功し、山陰地方を通って摂津に到着。古文書が発見された村の近くで暮らし、二年後に病気で亡くなったという。また、この古文書は、二位尼に抱かれて入水したのは、平知盛の次男だったことも明かしている。

この文書が発見された江戸時代、さすがに大騒ぎになったが、のちの人が作った偽物という説が強かった。安徳天皇の悲運に同情する人が多い分、数多くの生存説が生み出されたということかもしれない。

源平の「白」と「赤」のイメージは、どこからきたのか

「紅白戦」とか「紅白歌合戦」というように、日本では対抗戦のとき、赤組と白組

に分かれる。そのルーツは、治承・寿永の乱（源平の合戦）で、源氏が「白旗」、平家が「赤旗」を掲げて戦ったことにある。

戦国時代の戦いでは、家紋や馬印を掲げて戦った。だが、家紋などを掲げるようになったのは、鎌倉時代以後のことで、その時代の前は、源氏は「白」、平家は「赤」と旗じるしの色で、敵味方を識別していたのである。

たとえば、『平家物語』には、「しるしは皆白ければ、源氏の勢とぞみえたりける。大宮面に平家の赤旗三十余流、大内には源氏の白旗二十余流、風に靡きてみえければ、兵いとどいさみあへり」と記されている。

では、なぜ、紅白を掲げて戦うようになったのか？　それははっきりしないのだが、一つに中国の影響が強いのではと考えられている。

たとえば、『保元物語』には、源義朝が「白旄の旗をなびかし」という表現がある。これは、唐牛の白い尾を旗竿の先に付けた指揮の旗を指している。つまり、源氏が、中国の戦闘を模したものらしい。

源氏が「白」を選んだ理由としては、一説には、白色が主君への忠誠を誓う潔白を表す色として、武士たちの心意気の象徴だったのではないかという解釈もある。

とくに、源氏は、関東を中心に所領獲得に励む武士団であった。貧しい武士団の素朴さにふさわしい色だったことも、彼らが「白旗」を気に入った理由かもしれない。

一方、平家は、朱塗りの厳島神社をつくっている。当時、朱や赤は、貴族的な特権を象徴する色であり、平家にとって、赤は、自らのプライドと強い勢力を象徴する色だったのかもしれない。

というようにある程度の推理はできるのだが、なぜ赤と白か、決定的な説明は誰にもできない。しかし、この源平の紅白が、今の運動会の「赤勝て白勝て」にまで影響していることは間違いない。

第2章

鎌倉・室町時代

源頼朝と弟・義経の関係が破綻した本当の〝きっかけ〟

壇ノ浦で、平家を破った義経が、相模国（神奈川県）に戻ってきたのは、文治元年（一一八五）五月一五日のことだった。平宗盛と、その子清宗という捕虜も連れていた。

しかし、鎌倉にいた頼朝は、義経一行を腰越で待機させるよう申し渡した。その後、頼朝からの指示はまったくなく、耐えかねた義経は、公文所別当の大江広元に手紙を書いて、頼朝との間をとりなしてくれるようにと訴えた。この手紙が有名な「腰越状」だが、返事はすぐにはかえってこなかった。

六月九日になって、ようやく頼朝からの返事がくる。その内容は、捕虜を連れて京都へ戻れというものだった。

この瞬間、頼朝は、弟の義経を〝切った〟のである。しかし、なぜこのとき、頼朝が義経を切ったのか、その理由はさだかではない。

有力な理由の一つとして、公家に取り込まれた義経を嫌ったからという説がある。頼朝は、それ以前から、平家滅亡の原因は、武士でありながら公家社会に深く入り込んだ、あるいは取り込まれたことにあったと考えていた。彼は、源氏一族に対して、公家の位についてはならない、公家の娘とは結婚してはならないと言い渡していた。

ところが、義経は、壇ノ浦の合戦のあと、従五位を与えられ、うやうやしく受け取っていた。また、頼朝の世話で一緒になった妻がいるにもかかわらず、平大納言時忠の娘とも結婚していたのだった。

たしかに、頼朝が、これらの行為を反逆、あるいは源氏の規律を乱す行為と考えたとしても、不思議はない。さらに、これらの行為の裏には、武家政権と対立する後白河法皇の意思が働いているとみた、とも考えられる。

頼朝が義経を鎌倉へ迎えなかった裏には、以上のような理由があったのではないかというのが通説だ。

しかし、異説としては、けっこう色っぽい理由が存在する。義経が、安徳天皇の母である建礼門院（平清盛の娘）と密通していたことが、頼朝の逆鱗にふれたというのである。

この説が広く語られるようになったのは、近松門左衛門などの江戸期の作品に、二人の不義が描かれてからのことである。しかし、それ以前、義経の時代に書かれた『吾妻鏡』にも、梶原景時が義経の不義を頼朝に報告したとあり、その約六〇年後に成立した『源平盛衰記』でも、建礼門院が義経にはずかしめを受けたという話がでてくる。

つまり、義経と建礼門院との密通は、江戸時代のフィクションではなく、当時から噂にのぼっていたことのようだ。

頼朝自身も、女性関係は派手だったというが、公家社会と深くかかわったり、弱みを握られることが許せなかったのだろう。それも、義経を切る理由になったのかもしれない。

一方、奇想天外な説としては、「義経替え玉スパイ説」というのがある。美形で描かれる義経が、じつはそうでもなかったことは有名な話である。一方、父義朝や兄の頼朝はハンサムで知られているし、義経の母親の常磐も美女中の美女である。

そのあたりから、義経は、本物の義経ではなく、奥州の藤原秀衡(ひでひら)が送り込んだ替え玉であり、スパイではなかったかという説が出てきたのだ。

頼朝は、それを見抜いていたから、利用するだけ利用したあと鎌倉へ迎え入れなかったという珍説だ。歴史上でも、ひときわヒーローとして名高く人気も高い義経だけに、人々の想像力をさまざまにかき立てるようだ。

奥州の最強騎馬軍団「藤原一七万騎」は、どこに消えたのか

源頼朝が奥州討伐のため、鎌倉を出たのは、文治五年（一一八九）七月一九日のことだった。頼朝自らが率い、福島の白河をめざした主力軍のほか、太平洋岸コース、日本海側コースと三手に分かれた征討軍は、一〇万騎とも二八万四〇〇〇騎にのぼったとも伝えられる。

一方、これを迎え討つ奥州藤原軍は、わずか二万騎にすぎなかったという。総大将の藤原泰衡は、現在の福島県と宮城県の県境にまたがる地域に堅固な防御陣地を築き、頼朝率いる主力部隊と対峙、宮城県側への侵入を食い止めるという作戦をと

った。

決戦は、八月八日から三日間にわたって行われた。しかし、軍勢の違いはいかんともしがたく、奥州藤原勢は、戦いの主導権を一度も握ることができないまま、敗れ去った。

その後、頼朝軍は、やすやすと仙台に侵入、奥州の平定に成功する。そして、平泉にきらびやかな文化を育んだ奥州藤原家は壊滅、四代泰衡で幕を閉じることになった。

しかし、頼朝軍との戦いにおいて、疑問なのは、奥州藤原軍の数があまりにも少なかったことである。

かつては「奥州藤原一七万騎」と呼ばれ、頼朝すら恐れさせる勢いを誇っていた。だからこそ、頼朝も大軍勢を率いて討伐に向かったのであろう。その強力な騎馬軍団は、いったいどこへ消えてしまったのだろうか？

その原因は、四代泰衡にあるという。

文武ともにすぐれていた藤原三代に比べ、泰衡は武士としては軟弱な男だったという。藤原家の御曹司として育った泰衡は、武将というよりも、文人らしい性質を身につけていたようだ。

そのため、かつて一七万騎といわれた家臣からも、戦う気概はすでに失われていた。藤原家を離れる家臣も続出して、騎馬軍団は急激に弱体化していたらしい。

現在でも、地元での泰衡の人気はごく低い。藤原三代の栄華は語られても、四代泰衡にふれようとする人はめったにいない。

また、一七万騎の騎馬軍団が消えた原因は、当時の武士の性格にあるともいわれる。当時の武士は、武士といってもふだんは農民であり、農閑期にかけつけて戦闘するのが普通だった。本格的な武士集団が出現するのは、織田信長の兵農分離以降である。

ただし、頼朝の家臣は、同じ農民でも、広大な農地を持つ大家族の中から集まっていた。つまり、農地の人手が豊富にあり、七、八月の農繁期でも、長期にわたって大軍を動員できる体制が整っていたのである。

一方、藤原側は武装農民の延長であり、農繁期の八月に戦闘にかけつけられる者は少なかった。そのため、八月八日からの決戦に、泰衡が動員できる兵力は、わずか二万しかいなかったのではないかとも考えられている。

巴御前と静御前
——謎につつまれた二人のその後

巴御前は、木曽義仲（源義仲）の思い人でありながら、戦士だったと伝えられる女性。その活躍ぶりは『平家物語』や『源平盛衰記』によって伝えられている。ただし、それらは、あくまで戦記物＝物語であって、史実を探ると、謎だらけの女性となる。

まず、信濃の豪族・中原兼遠（かねとお）の娘だったというのは、事実だった可能性が高いが、生没年は不詳、その最期の様子もわからない。なお、彼女の父の中原兼遠は、義仲が二歳のとき、父を失って木曽に逃れたときに庇護した人物。だから、巴と義仲は幼なじみだったということになる。

『平家物語』によると、巴は、義仲が平家討伐に出陣したとき、兵として加わり、その後、数々の戦いでともに戦った。後に、義仲が源範頼（のりより）・義経の軍に宇治川の戦いで敗れ、残りわずか七騎となったときにも付きしたがっていたという。

『平家物語』では、義仲は最期と覚悟し、巴に対して「そなたは女だから、逃れて落ちのびよ」というが、巴は受け入れない。再三さとされ、巴は「これが、最後の奉公」と敵の武将に突進してその首を取った後、義仲の「生き延びて、私の後生を弔ってほしい」という言葉を受け入れ、戦場を去ったとされる。

『源平盛衰記』などによると、巴は、その後生き延びて、頼朝に捕らえられ、その後、御家人の和田義盛の妻となって朝比奈義秀を生むが、後に出家して九一歳で没したという。大河ドラマ『鎌倉殿の13人』も、ほぼこの説に添ったストーリーになっていた。

一方、義経の愛妾の静御前も、やはり謎に満ちた女性である。『平家物語』などによると、静御前はもとは白拍子（舞の踊り手）で、義経に見初められたという。しかし、その後、義経は頼朝との仲がこじれ、追われる身となる。都落ちして、吉野の山中に逃れるが、そこは女人禁制の地。義経は、静を京に帰そうとするが、その途中、静は従者に裏切られ、捕らえられてしまう。

静は鎌倉に身柄を移され、頼朝側から、義経の居所に関して尋問を受けるが、口を割らない。静は、頼朝から舞うことを命じられ、文治二年（一一八六）、鶴岡八幡宮で舞う。その際、静は、義経を恋い慕う歌を歌いながら舞って、頼朝を激怒させるが、妻の北条政子のとりなしで、命を奪われることはなかったという。

そのとき、静は、義経の子を身ごもっていた。しかし、生まれた子が男子であったため、頼朝の指示によって、由比ヶ浜に沈められてしまう。

ただし、以上も、あくまで「物語」が伝えるところであり、さまざまな脚色がまじっているとみられる。その後、静は許され、京に帰されたと伝えられるが、以後の消息は『平家物語』ですら伝えていない。

ただ、義経伝説とともに、静のその後についても、各地にさまざまな伝承が残されている。

静は、京都に戻った後、母の故郷の讃岐に向かい、そこで生涯を終えたという説。あるいは、母の故郷は、奈良の大和高田だったという説もある。

一方、鎌倉を出た後、京都には向かわず、北を目指したという説もある。義経が平泉にいるという情報を耳にして、そちらに向かったというのだ。そして、新潟県栃尾（とちお）で力尽き、息を引き取ったという説もあれば、福島県郡山市で義経の訃報を聞き、池に身を投げたという話もある。

父の仇をうった曽我兄弟の美談に見え隠れする"権力闘争"の影

曽我兄弟の仇討ちが成功したのは、建久四年（一一九三）五月二八日のことだった。

その日、源頼朝は、富士の裾野で、軍事上の大演習もかねた狩りを催そうとしていた。しかし、朝から雨が降り始め、狩りは中止になった。ヒマをもてあました御家人たちは、日の高いうちから酒盛りを始めていたという。

夜になって、雨足はいっそう激しくなり、雷も鳴り始めた。やがて、酔っぱらった御家人たちは、ところかまわず寝はじめた。

そのときだった。御家人の一人、工藤祐経（すけつね）の小屋へ近づいていく者の姿があった。曽我十郎祐成、五郎時致の兄弟である。曽我兄弟にとって、工藤祐経は、父を殺した仇だった。

そして、二人は、泥酔して高いびきをかく工藤祐経の首をとったのである。これが、後世に美談として伝えられる「曽我兄弟の仇討ち」である。

しかし、この仇討ちには、じつは黒幕がいたという説がある。その根拠は、曽我兄弟が、父の仇、工藤祐経を殺したのちの行動にある。

工藤祐経への仇討ちの動機は、曽我兄弟の私憤だったといえる。その一七年前、荘園の相続争いの末、曽我兄弟の父が工藤祐経に殺されているからだ。しかし、動機がそれだけだったとしたら、父の仇を討ったところで、積年の怨みは晴れたはずである。

ところが、曽我兄弟は仇討ちに成功したのち、兄は仁田忠常に討たれたが、弟は頼朝の屋形の中まで侵入した。なんと、頼朝の首を狙ったのである。結局、捕らえられ、取り調べを受けたあと、斬首となった。

処刑前の取り調べで、弟は「殿に恨みを述べてから、自害しようと思った」と述べている。恨みとは、父は殺されているのに、工藤祐経にはまったくお咎めがなかったことを指している。

しかし、それでは、頼朝を殺そうとするには、動機が弱いのではないかという見方が一般的である。そこで、曽我兄弟に、父の仇討ちをそそのかし、ついでに頼朝まで暗殺させようとした黒幕がいるのではないかという説がささやかれるのである。

その黒幕として名が挙がるのが、源範頼と北条時政の二人である。

頼朝の弟の範頼は、義経が殺されてから、いつ自分の身にも危害が及ぶかとビクビクしていたという。身内にも容赦のない頼朝の影に、おびえながら生活していたのである。そこで、自分がやられる前に、兄を暗殺してしまおうと考えたという見方である。

頼朝の暗殺未遂事件後、鎌倉にいた範頼は、そのしらせを受けて心配する北条政子に、自分がいるから大丈夫だと慰めたという。のちに、この言葉が災いして、範頼は失脚、伊豆の修善寺で殺されている。

本当に政子を慰める言葉だったのか、頼朝没後は、自分が将軍になるから大丈夫という意味だったのか、真相は知るよしもない。

また、政子の父である北条時政も、権力を握るためには、手段を選ばないというタイプ。実際、のちに頼朝の息子である頼家を失脚させ、暗殺したとみられる人物でもある。

そこで、証拠はないものの、目をかけていた曽我兄弟に、頼朝暗殺をそそのかした可能性はあるという見方があるのだ。

はたして曽我兄弟の仇討ちに黒幕が存在したかどうか、証明できる資料は存在しない。

しかし、語り継がれてきた美談の裏に、鎌倉幕府草創期の権力闘争の影を見る歴史家は少なくない。

いまもヴェールに包まれている源頼朝の死をめぐる秘密

鎌倉時代の正史といえる『吾妻鏡』は、源頼朝の死を次のように伝えている。

建久九年（一一九八）の年末、頼朝は、相模川に架かる橋の開通式の帰路に、落馬。以降、体調を崩し、一七日後の翌一月一一日に息をひきとった。というように、「落馬が原因で死亡」というのが、『吾妻鏡』の伝えるところである。

しかし、この話をめぐっては、古くから疑問の声が上がってきた。『吾妻鏡』は、鎌倉時代の史料として信頼性の高い史料ではあるのだが、なぜか頼朝の死に関しては、記述が簡単すぎるのだ。しかも、頼朝の死を建久九年の記述のなかで触れているわけではなく、一三年も後の記述に「帰路に落馬し、その後まもなくして死んだ」とだけ記されているのだ。

鎌倉幕府のつくった歴史書が、初代将軍の最期を詳しく記録していないのは、いかにも不自然な話だ。また、同時代の他の文書が「落馬」と記していないため、この『吾妻鏡』の記述に関しては信憑性を疑う声が多いのだ。

『吾妻鏡』は、鎌倉幕府が作ったため、その時代の権力者によって都合よく書き換えられている可能性もありうる。頼朝の死に詳しく触れなかったのは、権力を握っていた北条氏にとって、都合が悪かったからではないか、とも推測されるのである。

では、『吾妻鏡』が事実を伝えていないとすると、頼朝の本当の死因は何だったのだろうか？

近衛家実（このえいえざね）による『猪隈関白記（いのくまかんぱくき）』という史料には、「飲水の病」が死因と書かれている。この病は、今でいう糖尿病のこと。糖尿病のため、足が弱り、落馬した、ということも考えられなくはない。

また、『愚管抄』や『明月記』など同時代の記録には、「所労」「頓病」、つまりは病気で死んだと書かれていて、落馬のことは記されていない。

源頼朝、足利尊氏…その肖像に描かれた人物の正体は？

かつて、日本史の教科書には、二つの武将像がかならず掲載されているものだった。「源頼朝像」と「足利尊氏像」である。

しかし、ご存じの方は多いと思うが、現在では、ともに「伝」の一字が頭につけられるようになっている。この「伝」は、「そうは伝えられているものの、それが本当かどうかはわからない（むしろ、虚偽である可能性が高い）」というほどの意味である。

まず、源頼朝の肖像画といわれてきたものは、京都神護寺にあるが、像主（モデルとなった人物）に関して記した明確な史料はない。

一四世紀頃に書かれた『神護寺略記』に、「神護寺には、肖像画の大家・藤原隆信が描いた後白河院、平重盛、源頼朝、藤原光能、平業房の肖像がある」という意味のことが記されていることから、その画は江戸時代、頼朝像とされるようになったとみられる。

ところが、平成七年（一九九五）、美術史家の米倉迪夫（みちお）氏が「頼朝像ではない」という説を発表し、今はこの説が有力とされている。米倉説の根拠は、描かれてい

伝源頼朝像

る冠や太刀の形式が鎌倉末期以降のものであること、目や眉の描き方が室町時代の画法のようであることなどである。

では、あの画は誰の肖像かというと、米倉氏は足利尊氏の弟・足利直義（ただよし）のものという説を唱えているが、これには異論もあって、まだ定まっていない。

一方、かつて足利尊氏像とされた画（鎧を着て、馬にまたがるざんばら髪の武士の姿を描いた画）は現在、「騎馬武者像」といわれている。

そもそも、問題になったのは、像主の頭上にある花押だった。それは、尊氏の三男の義詮（よしあきら）のもの。武士の世界で、父の頭の上に子が花押を書くのは、いかにも「不遜」なことであり、そのため、像主は尊氏ではなく、義詮の臣下の誰かと推測されるようになった。

さらに研究が進むと、絵の中の馬具や武具に「輪違」と呼ばれる紋が描かれていることがわかってきた。そこから、当時、その家紋を使用していた高師直（こうのもろなお）が像主という説が浮上した。

高師直は足利尊氏の側近として、絶大な権力をふるった武将。尊氏の弟・直義とは反りが合わず、尊氏と直義の権力抗争のさなか、尊氏がいったん敗れた時期、師直は、直義方に摂津から京へ護送される途中、殺害されている。

「例のザンバラ髪の肖像は、そのときの様子を描いたもの」という説もあるが、これもまだ定まったわけではない。

騎馬武者像

「足利尊氏暗殺計画」の黒幕をめぐる論点とは？

鎌倉幕府滅亡後、後醍醐天皇は天皇中心の政治を復活させようとする。いわゆる「建武の中興」だが、この新政権で、征夷大将軍に任命されたのは、後醍醐天皇の子の護良（もりよし）親王だった。討幕に功があり、征夷大将軍の地位を望んでいた足利尊氏は、鎮守府将軍に任じられたにすぎなかった。

後醍醐天皇は、幕府復興の野心に満ちた尊氏を牽制する意味でも、護良親王を征夷大将軍につけたのだった。ところが、まもなく、護良親王は、尊氏暗殺計画の首謀者として逮捕され、失脚してしまう。

しかし、この暗殺未遂をめぐっては、異説も数多くある。どれも信憑性がありながらも、決定的な決め手はない。

たしかに、征夷大将軍としての護良親王は、すぐに人々の人望を失った。最大の原因は、自分の部下の武士の領地保全を優先し、他の武士たちをないがしろにしたことである。その結果、もう一方の雄、尊氏の人気が急上昇することになった。元をたどれば自分の失政が原因なのだが、あせった護良親王が巻き返しを図ろうとして、尊氏暗殺を企てた——これが通説となっている。

しかし、護良親王逮捕の理由は、その後、「尊氏暗殺未遂」から「帝位奪取の謀略」にすり替えられている。

なぜそうなったのか、このいきさつには謎の部分が多い。

その解釈の一つとして、尊氏暗殺計画に、じつは後醍醐天皇がからんでいたせいではないかというのがある。天皇と、討幕では利害が一致したものの、その後は袂（たもと）をわかった尊氏である。天皇が尊氏を邪魔に思うのも無理からぬところだ。その後醍醐天皇の影を隠すために、わざわざ「帝位奪取の謀略」を逮捕理由にすり替えたのではないかというわけだ。

また、この事件にはさらなる裏があって、「帝位奪取の謀略」が逮捕理由となった背景には、尊氏自身がからんでいたという説もある。これは、護良親王がクーデターを起こし、後醍醐天皇を失脚させようとしていると、尊氏が後醍醐天皇の愛妾阿野廉子（あのれんし）を通じて、後醍醐天皇の耳に入れたというものである。

後醍醐天皇にとっては、護良親王による「尊氏暗殺未遂」より、自分の地位を脅かす「帝位奪取の謀略」のほうがより重要な問題である。つまり、この説に従うと、尊氏の策略の方が役者が一枚上だったことになる。

また、当時、後醍醐天皇の愛を一身に受けていた阿野廉子自身が謀略にからんでいたという説もある。自分の子どもを皇太子にしたかった阿野廉子は、護良親王を排斥したいと考えた。そこで、反護良親王という点で、尊氏と共同歩調をとったのではないかという推測もされている。

あまり深読みしすぎると、尊氏暗殺計画の首謀者は、尊氏自身だという話になってしまうが、鎌倉幕府滅亡後の権力争いについては、今なおさまざまな説が語られ、真相は薮の中のことが多いのである。

「室町幕府」の成立年は、なぜ今も揺らいでいるのか

室町時代の成立年は「一三三八年」。これは、足利尊氏が征夷大将軍に任じられ

た年であり、学校の教科書では、たいていこの年代を採用している。

もちろん、この一三三八年も、室町幕府成立年の有力説には違いない。しかし、実際のところ、正確な年代はまだ固まっていないといえる。

尊氏は、一三三五年、ライバルだった新田義貞を討つと称して兵を挙げた。これに対して、後醍醐天皇は、尊氏を朝敵として、義貞に尊氏追討の命をくだした。このとき、尊氏が建武政権打倒の意志をはっきり示したわけだ。

一般的には、室町幕府の成立はそれ以降とするのが妥当とする考えが多い。挙兵した尊氏は、一時は劣勢になり九州まで逃げ延びるが、一三三六年、再起して東上。六月に京都を占領し、八月には光明天皇をたてて、後醍醐天皇と和睦する。そして、一一月に建武式目を制定している。この式目は、新たな政治の方針を発表したもので、この式目をもって、室町幕府の成立とする見方がある。

この一三三六年の一一月には、後醍醐天皇が京都を脱して吉野へ逃れ、建武新政が崩壊している。つまり、この時点で政権交替が起きているわけだ。

尊氏が、征夷大将軍になったのは一三三八年だが、その後も、情勢は混沌としたものだった。三代義満によって、京都の室町に「花の御所」と呼ばれる邸宅が築かれたのは、一三七六年のことである。

のちに、足利時代が「室町時代」と呼ばれるのは、歴代の将軍が住むようになった、この京都の地名に由来している。

足利義満の〝突然の死〟には、いまも解けない謎がある

室町幕府がようやく安定するのは、三代足利義満が将軍の座についたのちのことである。山名、大内氏など、有力守護大名を抑え込み、ようやく幕府の権威が確立。さらに、懸案だった南北朝の合体に成功し、勘合(かんごう)貿易をスタートした。

京都の室町に花の御所を開き、北山に金閣寺を建立して、室町時代の幕を開いた。義満は、混乱の時代を整理し、日本の最高権力者としての権勢を確立した大政治家だったといえる。

ところが、その義満は絶頂期に急死してしまう。息子の義嗣が元服の儀式を終えてから、わずか一〇日目。一四〇八年のことであった。

死因は、「突然の病」となっている。しかし、正確な死因はなんなのか？　それがいまだにわからない。

義満は、応永元年（一三九四）、将軍職を息子の義持にゆずり、公家最高の官位である太政大臣に昇りつめていた。しかし、義満はわずか半年で太政大臣を辞任し、出家してしまう。公家の最高位にしがみつくより、もっと大きな野心があったからといわれている。

実際、出家したとはいえ、義満は花の御所で政務を執りつづけ、義持の将軍職は形ばかりのものだった。

義満の出家の狙いは、一つには超世俗的な立場に身をおくことで、朝廷の規制下から自由になることにあったという。また、出家することで、当時大きな勢力を誇っていた宗教界をも掌握しようとしたためとも考えられていた。

つまり、義満は武家、公家、そして宗教界のすべてに君臨する地位を手に入れようとしたわけである。言葉を変えれば、天皇と同等、あるいはそれ以上の地位を狙ったことを意味している。

事実、勘合貿易の実績を積んだ結果、義満は、中国王朝・明によって、「日本国王」として認められている。当時、東アジアの世界で絶大な権力を誇った中国に、それを認めさせることは、国際的に正統王朝として認知されることを意味する。また、勘合貿易によって、義満の手には莫大な富がころがり込んでいた。その象徴が、あの金閣寺である。

義満が「突然の病」によって、急死したのは、まさにこういった絶頂期だったのである。

第3章

戦国・安土桃山時代

北条早雲の出自をめぐる謎の変遷とは?

小田原北条氏の祖となった北条早雲は、一介の素浪人から身を起こし、戦国大名となった立志伝中の人物とされてきた。早雲を主人公にした司馬遼太郎の小説『箱根の坂』も、おおむねその説をとっている。

そのような説は、明治時代になって、早雲自筆の文章が発見され、「自分は、伊勢の関氏の一族である」と記されていたことに端を発している。やがて、伊勢出身で、今川氏に抱えられ、その後、権謀術数のかぎりを尽くして、大名の地位に上ったというのが定説になり、小説にも、この〝伊勢素浪人説〟に基づいて描かれたものが少なくない。

しかし、その後の研究によって、早雲は「単なる素浪人ではなく、名家の出身」という説が主流になっている。

当時、室町幕府の申次衆に、伊勢新九郎盛時という人物がいた。これが、早雲だったと考えられているのである。

伊勢新九郎盛時は、伊勢氏一族の中でも、備中伊勢氏の出身だったという。まず、足利義視（よしみ）に仕え、応仁の乱の最中、義視が伊勢に逃れるのに従った。その後、義視が京都へ戻っても、新九郎はそのまま伊勢にとどまったという。

やがて、新九郎の妹が、駿河守護・今川義忠に嫁いだことから、駿河に招かれた。つまり、今川氏に招かれたとき、新九郎は主を持たないという意味では、たしかに浪人だった。しかし、根っからの素浪人だったというわけでもないということになる。

この「早雲＝伊勢新九郎盛時」説に立つと、早雲の正しい名は、姓が伊勢、名前が新九郎、名乗りが盛時となる。

他に、長氏や氏茂と名乗ったこともあるようだが、存命中、「北条早雲」という名前を一度も名乗ってはいなかったともいわれる。

花押としては、たまに「早雲庵宗瑞」とすることがあったという。この場合の「早雲」は、庵の名前にすぎなかったのだが、どういうわけか、これがいつしか一般に知られるようになったという。

太田道灌暗殺事件の背後に何があるのか

江戸城を築いたことで有名な武将、太田道灌は、文明一八年（一四八六）七月二六日、主君扇谷上杉定正の命令で殺害された。主君の招きに応じて訪れた相州糟屋（神奈川県伊勢原町）で、暗殺されたという。

なぜ、主君に殺されなければならなかったのか。その理由をめぐっては、いくつかの説があり、はっきりわかっていない。

一つには、道灌が江戸城を補修したことが、関東管領山内上杉家に対する謀叛とみなされたという説である。

もともと、江戸城は、古河公方成氏に対抗する拠点として、山内上杉家の命令で道灌が築いたものだった。しかし、道灌が、何度も補修工事を行うものだから、山内上杉顕定を討つのが目的で修築しているのだと疑われた。

主君の定正は、「それが事実とすれば、両家不和の因で、合戦の発端となるだろう」と激怒。何ら弁解をしない道灌を殺したという説である。

一方、江戸城の補修工事は、じっさいに道灌が山内上杉を狙ったもので、主君の定正がいさめても聞き入れず、暗殺されたという説もある。

その説によると、もとは、山内上杉顕定が家臣の高瀬民部の謀叛を道灌が仕掛けたものとかんぐり、道灌を恨んだことが原因だったという。

それに憤った道灌が、じっさい、山内上杉顕定を攻めるため、江戸城を修復し戦備を整えた。主君の定正は、そんな道灌を叱責したが、聞き入れない。定正は、仕方なく道灌を殺したというものである。

また、道灌の暗殺は、関東侵略をねらっていた北条早雲の謀略によるという説もある。

関東の情勢に注目していた北条早雲が、もっとも脅威に感じていたのが道灌だった。まわりの人々に人望の厚い道灌がいる以上、関東に進出できないと考え、数十人のスパイを放つ。

そこで、流させたデマが、「道灌は、駿河の今川氏と内通し、北条家臣らと協力して、両上杉氏を滅ぼし、自ら関東管領に就任しようとたくらんでいる」というものだった。北条早雲謀略説によれば、このデマが、もっぱら評判になり、道灌は暗殺されたのだとされる。

もちろん、どれが真相かはわからないが、道灌の最期の様子も諸説あって定まらない。思う存分に戦って、最後は切腹したというものから、風呂から上がるところを斬りつけられ、「当方滅亡」と叫んで果てたともいう。

あるいは、湯殿に入ったまま槍で刺され、こんなときでも歌が詠めるかと聞かれ、「かかる時さこその命惜しからめかねてなき身と思ひ知らずば」と詠んで息絶えたという話まで伝わっている。

武田信玄の「西上作戦」は本当に上洛のための出陣だったのか

甲斐の武田信玄は、元亀三年（一五七二）一〇月三日、二万七〇〇〇名の兵を率いて、甲府を出発、いわゆる「西上作戦」を開始した。一二月には、遠江国の三方ケ原で、徳川軍に大勝する。

しかし、その後、武田軍の動きは鈍り、翌元亀四年、甲府へ戻ろうとするなか、信玄は急死した。

この西上作戦をめぐって、かつて信玄の目的は「京に上る」こととされてきた。その頃、織田信長が京都をおさえていたものの、足利義昭主導の信長包囲網に苦しめられている時期だった。

信長は、石山本願寺との長期戦に足をとられるなか、北は朝倉・浅井の勢力、南では伊勢長島の一向門徒の抵抗に手を焼いていた。そうした状況にあって、信玄は、足利義昭の求めに応じて、信長を滅ぼすため、上京しようとしたという見方だ。

ところが、近年は、この説に否定的な研究者が増えている。その根拠は、信玄といえども、甲斐から京都まで、一気に進軍するのは、ひじょうに困難であり、リスクがきわめて高いから。なにしろ、その途上には、織田信長の本来の領地である尾張国があり、当時の本拠地である岐阜城もそびえている。さらに、織田領の近江を抜けなければ、京都に到達することはできない。その敵中を一気に突破するのは、ほぼ不可能といえる。

そこで、西上作戦の目的は、信長が救援に来られないことを見越して、徳川領の一部を奪うことにあったという見方が有力になっている。

そうして、徳川家の力を弱めれば、現在は徳川についている中小の領主たちも、武田方に寝返ってくるだろう。そうして、遠江・三河を奪うことが、信玄の狙いだったという見方が有力になっているのだ。

しかし、そうした計画は、信玄が病に伏し、息を引き取ることによって頓挫した。その死をめぐっても「まだわからない」ことがあり、死因が鉄砲傷によるものか、病気によるものか、わからないのだ。

信玄は天正元年（一五七三）四月、五三歳で死去するが、その死因について、江戸時代の史料『武徳編年集成』や『文武茶談』は、鉄砲傷の悪化によるものと書き記している。

それらの記述をまとめると、信玄は、三河の野田城を約一カ月包囲していた際、城内から毎夜、美しい笛の音が聞こえてくることに気づき、城に近づいたところ、鉄砲で右肩を撃たれ、その傷がもとで、甲斐の国に戻る途中、息を引きとったという。

しかし、信玄ともあろうものが、笛の音におびき寄せられ、うかうかと敵城に近づいたとは考えにくい。この話は後世の創作であり、信玄は病気で亡くなったというのが現代の定説となっている。

しかし、その病名ははっきりしない。信玄の侍医の御宿監物の手紙には、「肺肝に苦しむにより、病患忽ち腹心に萌して安んぜざること切なり」とあるところから、「肺肝」（肺結核）が死因だったという説が有力ではある。

ただし、別の説もあって、『武田三代軍記』では、信玄の病気を「膈の病」とし、これは胃がんや食道がんを指すとみられている。

天下統一目前の織田信長には、実際、どんな〝政権構想〟があったのか

本能寺の変（一五八二年）で最期を遂げた織田信長は、「天下統一」まであと一歩と迫っていた。

歴史に「もし」はないというが、あえて「もし、本能寺の変がなかったなら？」と仮定すると、織田信長は確実に天下を統一していたはずである。

そもそも、信長が京都・本能寺に泊まったのも、中国地方の毛利攻略を担当して

いた羽柴秀吉を支援するためだった。同時に信長は、四国平定を後方から指揮することも考えていたとみられる。

そこで、もう一度「もし」を使うなら、「もし、信長が天下を平定したなら、どんな政治をしたのか？」ということになる。だが、それは、専門家にも、よくわからないテーマといえる。

たとえば、「ポスト」に関しても、同じ武士出身の平清盛は、太政大臣として政治を行った。また、北条氏は、執権という形で政治を行った。信長に代わって天下を統一した豊臣秀吉は、関白として政治を行っている。しかし、夢半ばにして果てた信長からは、その「天下構想」がうかがえないのである。

信長は、将軍足利義昭のもとでも、副将軍職や管領職を断っていた。室町幕府滅亡後、その力にふさわしい官職を持たないまま、国政に参与していたのである。さらに、朝廷から、官職の働きかけがあったときにも、意志表示しなかった。

朝廷が、信長を太政大臣か、関白か、将軍のいずれかに推挙したのは、天正一〇年（一五八二）四月のことだった。しかも、朝廷側は、「いかようの官にも」と、信長自身の選択にゆだねている。

信長は、五月六日、朝廷からの勅使に面謁し、琵琶湖に船を浮かべて接待したという。しかし、このとき、「どの官にする」とも答えなかった。希望はあっただろうが、天下を統一してからと考えたのだろうといわれる。

だが、約一カ月後の六月二日、本能寺の変で、天下統一の夢は砕け散る。

信長の天下構想は、今となってはよくわからないのだが、ヨーロッパの情勢や習慣に詳しかった信長のこと、想像できないような制度改革を実施していた可能性も十分にある。

いまも謎に包まれている安土城炎上のミステリー

織田信長が築城した「安土城」。

現在は石垣と石造りの階段、礎石しか残っていないが、安土城のシンボルといえば、当時は五層七重の壮麗な天守閣だった。その天守閣のスタイルは、それ以降の、日本の城郭のモデルとなったほどである。

ところが、天正一〇年（一五八二）、信長が本能寺の変で倒れた直後、安土城は焼失してしまった。出火の原因は「放火」とみられている。しかし、誰が火をつけたかは、現在にいたるまで、解明されていない。

本能寺で信長が討たれたのは、六月二日の早朝。信長死去のしらせを聞いて安土城では、翌三日、留守居役の蒲生賢秀が、信長の側近たちを避難させたあと、退城している。

その三日後の六月五日には、早くも明智光秀が入城している。信長の権威の象徴だった安土城に入ることは、天下を掌握したという意思表示だった。このとき、光秀は、安土城の財宝を部下に分与している。しかし、城自体には手をつけなかった。

しかし、安土城への入城からわずか八日後の一三日、光秀は山崎の合戦で豊臣秀吉に敗れる。そして、安土城を守っていた明智秀満が退城した一四日か、翌一五日、この城は焼け落ちてしまうのである。

誰が火を放ったかについては、いくつかの説がある。

一つは、山崎での敗戦を知った明智秀満が、安土城を出る際、火を放ったという説である。豊臣側が残した記録は、この説をとっている。

　また、宣教師ルイス・フロイスの書簡によれば、信長の次男・信雄（のぶかつ）が、城の最も高い部分の、主要な部屋に火をつけさせたとなっている。

　さらに、『兼見卿記（かねみきょうき）』によると、一五日に安土城下に放火されたという記録がある。ここから、安土城下の火災によって、安土城も類焼したのではないかという説が出てくることになった。

　ただし、近年すすんでいる発掘調査によると、安土城のうち、はっきりと炎上が確認できるのは、天守や黒金門付近だけという。天守よりも城下に近い総見寺が燃えていないことから、城下への放火、類焼説には疑問の声が強い。

　宣教師ルイス・フロイスによる信雄放火説が、もっとも有力という声もあるが、他にも諸説あって、安土城への放火犯人は謎のままというのが、現状である。

明智光秀の謎の前半生からわかること

　明智光秀――天下を狙い、京都の本能寺において、主君である織田信長を討った男。戦国を代表する武将の一人だが、中年になって織田家に仕えるまでの経歴は、ほとんどわかっていない。

光秀の名前が歴史の片隅に初めて登場するのは、朝倉義景に鉄砲の腕を認められたことによる。そのころ、仕えていた義景の前で、二五間（約四五メートル）離れた的を撃ったところ、一〇〇発中じつに六八発が命中。残る三二発も、的の角に当てるという正確さだったという。

喜んだ義景は、家中から一〇〇人を選んで鉄砲隊をつくり、光秀にあずけた。このとき、光秀はすでに四〇歳ぐらいだったと推定されている。

また、近年、発見された史料によると、光秀は医学的知識が豊富で、朝倉家では、医師として生計を立てていたことを推測させる記述があって、注目を集めている。

しかし、そのルーツに関しては、専門家の見解は真っ二つに分かれている。名門の出身だという説もあれば、反対に低い身分の出身という説もある。

光秀の一代記としては、最古のものである『明智軍記』によると、光秀の父親は、美濃の守護・土岐（とき）氏の支流、明智下野守頼兼八代の子孫、光綱であったという。父が早死にしたので、父の弟の兵庫助光安が美濃国恵那郡の明智城に居し、土岐氏が没落したあと、明智家は斎藤道三に仕える道を選んだという。

ところが、明智光安は、斎藤道三の長男義竜が父道三を討ち果たしたことに反発し、明智城にこもってしまう。これを反逆と見なした斎藤義竜と明智光安の間に戦闘が起こり、光安は戦死した。

このとき、光安の甥にあたる光秀も、ともに死のうとしたが、まわりに制止され、明智家の再興を託され、城中から脱出した。そして、その約束を果たすため、明智城を脱出した光秀は越前に向かい、やがて朝倉義景に仕えたというものである。

つまり、『明智軍記』によれば、光秀は、美濃国恵那郡の名門の出身ということになる。

しかし、『明智軍記』より制作年代の古い『土岐系図』『明智系図』などでは、光秀の父は、光綱とはなっていない。他の古文書でも、光綱の存在は確認されず、光秀の父を光綱と断定するにはあまりにも史料が乏しいという意見もある。

また、『籾井家日記』という文書によると、光秀は族姓もわからない下級武士の子と記され、また、『武功雑記』には、信長に仕える以前は、三河の牧野家に仕えていたと記されている。

これらの史料によれば、美濃出身の武士ではあるにしても、父親の名前もわからないほど身分が低かったということになる。中には、『若州観跡録』のように、光秀は名門の出どころか、美濃の出身でもなく、若狭国小浜の鍛冶屋の次男とするものまでも存在する。

以上のように、光秀の経歴には不明の部分が多いのだが、並はずれてすぐれた人物だったからこそ、将軍足利義昭に仕え、さらに信長のもとで頭角をあらわし、異例の出世を遂げたことは間違いない。

種子島に伝来した鉄砲二挺のその後をめぐる話

種子島に二挺の鉄砲が伝来したのは、天文一二年（一五四三）のことである。明に向かうはずだったポルトガル船が種子島に漂着し、当時、一六歳の少年領主だった種子島時尭（ときたか）が、島に上陸したポルトガル人から買い求めたのである。

この二挺の鉄砲をモデルにして、日本人の手でつぎつぎと模造銃が製造され、全国の戦場で使われるようになる。それにともない合戦のスタイルも大きく変わっていった。まさに、この二挺の鉄砲が日本の歴史を動かしたといっても過言ではない。

ところが、そのきっかけとなった二挺の銃が、その後、どういう経路をたどり、誰の手に渡ったのか、はっきりとはわからないのである。

鉄砲伝来から六三年後、薩摩大竜寺の僧・南浦文之が記した『鉄炮記』（慶長一一年・一六〇六）によると、そのうちの一挺は、伝来した年に、紀州根来（ねごろ）の杉坊に与えられたと記されている。

たしかに、紀州根来では、早くから鉄砲の製造が行われ、強力な鉄砲集団が形成された。しかし、時尭が、せっかく手に入れた貴重な鉄砲を、すぐに与えてしまったという話をそのまま信じる専門家は少ない。

『鉄炮記』には、杉坊に熱望された時尭が、意気に感じて与えたと記述されている。しかし、その鉄砲は、時尭が一説には、二〇〇〇両、現在の価格にすれば、一億円以上という高額で買い求めたもの。その金額はいくらなんでも高すぎるのではという疑問はあるが、いずれにせよ「意気に感じて与えた」というのは、あまりに気前がよすぎるではないか。

また、現存する紀州根来製の鉄砲に、舶来銃をモデルにした形跡がないことも、この説が疑問視される原因になっている。

また、もう一挺の〝その後〟については、『鉄炮記』にもまったく触れられていない。ただ、同書には、その後、種子島でも鉄砲製造が始まったとあり、そこからもう一挺は種子島に残り、製造モデルとして使われたとも推定できる。

現実に、種子島には、この舶来銃のものといわれる長さ六九センチの銃身が一本残っている。しかし、史料や証拠が乏しいため、それが本当に伝来の鉄砲のものかどうか、証明はできない。

戦国時代のメインエピソードといってもいい鉄砲伝来の話なのだが、その二挺の鉄砲は今なお行方不明なのである。

〝突然死〟だった上杉謙信の死因をめぐる謎を推理する

上杉謙信は、天正六年（一五七八）三月一三日、四九歳で死んだ。今でいう〝突然死〟に近かったという。

その年の初め、謙信は、下総の結城晴朝の催促に応じて、関東に出馬しようとして軍令を下していた。その出陣を前にしての突然死だった。

直接の死因は、「脳卒中」というのが定説になっている。しかし、英雄の死因については、古今東西必ずのように異説が出てくるもので、謙信の死も例外ではない。暗殺説を含め、いろいろな説、噂がある。

もともと、脳卒中が死因とされるのは、養子である上杉景勝が、小島六郎左衛門に送った手紙に、「去る一三日、謙信不慮之虫気取直られずし遠行」とあったことが根拠になっている。

「虫気」とは中気であり、脳卒中のことだといわれる。厠（かわや）に入って倒れ、まわりの者が手を尽くしたが、そのまま亡くなったと記す史料もある。

また、一説には、謙信は、戦国大名としては体が丈夫ではなかったという。若いころから、病気を患っていたという話も、いくつかの史料で伝わっている。そのくせ大酒飲みだったから、たしかに脳卒中になるような素地はあったのかもしれない。

しかし、その一方で、謙信は病死したのではなく、「織田信長の謀略によって、暗殺された」という説もある。厠で倒れたのは、信長の刺客の手にかかったためだというのだ。

しかし、上杉景勝が、手紙に「虫気」と書いていることから、専門家に暗殺説をとる人はほとんどいない。

ただ、可能性は低いにしても、その景勝の手紙も、養父が暗殺されたという事実を隠すために書かれたと深読みする人もいる。

伊達政宗暗殺未遂事件の噂の真相

伊達政宗暗殺未遂事件が起きたのは、天正一八年（一五九〇）四月五日のことだった。

伊達家の正史『伊達氏治家記録（だてしちけきろく）』によれば、この事件の首謀者は、母親の義姫（よしひめ）だったことになっている。

その日、政宗は、母親の招きで、黒川城（のちの会津若松城）内の母の居館を訪れた。政宗が母親に会うのは、久しぶりのことだったという。

やがて、酒食が運ばれてきて、政宗は勧められるままに箸をつけた。ところが、その途中、激しい腹痛におそわれたのである。

危険を察知した政宗は、すぐに居館を去り、毒下しの「撥毒丸」を服用。この薬のおかげで、大事にいたらなかったという。

この事件は、次男の小次郎を溺愛する母親が、小次郎に家督を継がせるため、政宗の毒殺を謀ったのだといわれている。

現に、政宗は、すぐに弟の小次郎を殺害。義姫も、実兄である山形城主最上義光を頼って山形に逃れたことから、これが通説になっている。

しかし、この説には、いくつかの疑問が投げかけられている。そもそも、命を奪うほど威力のある毒薬は何で、それをたちまち治してしまう「撥毒丸」とは、何なのか。それが、さっぱりわからないというのである。

そこから、政宗の腹痛は毒殺などではなく、単なる食中毒でなかったかとみる研究者もいる。

また、最大の疑問とされるのは、母親が山形へ逃げのびたことである。政宗ともあろうものが、毒殺未遂の首謀者をみすみす許すとは考えられない。ひそかに城を抜け出したとしても、追っ手を出せば、とても国境を越えて、山形まで逃げ切れるものではない。

これに対しては、政宗が弟の小次郎を切ったとき、「幼い弟に罪はないが、母を手に掛けるわけにはいかないから、やむを得ない処断である」と言ったとされている。

だが、これも後世の作り話とみられている。もし、戦国時代の大名が、こんな話をすれば、家臣団は政宗をお人好しのバカ殿と見限りかねないからである。

さらに、たしかな事実として、山形へ逃れた母親と、政宗は、その後もひんぱんに手紙のやりとりをしていたことがわかっている。

毒殺事件が真実なら、いくら弟を身代わりに処罰したとしても、そう簡単に母親を許すというわけにはいかないだろう。だが、母子の間に重大なしこりがあったようにはみえないのだ。

そこで、最近では、毒殺未遂事件は架空のもので、小次郎処断と、母親の山形行きには、それぞれ別の原因があったと考えるほうが自然という見方もある。

千利休が秀吉に切腹を命じられるに至った事件の顚末

千利休――侘茶の開祖であり、織田信長、豊臣秀吉の茶頭として、日本の歴史にも大きな影響を与えた人物である。

とくに、豊臣時代の前半には、内政面に深くかかわり、豊臣政権の最高顧問のような地位にあったといっていい。

しかし、一五九一年、秀吉は、重用してきた利休に突然、切腹を命じた。なぜ、切腹を命じたかは、豊臣政権をめぐる大きな謎の一つである。今なお、数多くの説が語られ、また多数の小説のテーマとなってきた。

それらの説を紹介する前に、千利休という人物の生涯をふりかえってみよう。

利休は、自治都市として栄えていた堺の商家に生まれ、まず織田信長に仕えはじめた。

信長は、当時の最先端文化だった茶の湯を政治的に利用した。武将の論功行賞に利用し、武将の茶器所持、茶会の開催には、信長の許可を必要とした。秀吉も、四一歳のとき、初めて許可され、利休を師として仰ぐことになった。これが、利休と秀吉の人間関係の出発点になる。

その後、信長が本能寺の変で殺され、こんどは秀吉が利休を政治的に利用する。利休を自分の茶頭とすることで、信長の後継者であることを天下に示したのである。

その後、利休は信頼され、豊臣政権の内政面の重要なテーマにかかわっていく。しかし、秀吉が権力の階段をのぼるにつれて、二人の間の溝は深まっていったようだ。そして、一五九一年、利休は突然、謹慎を命じられ、まもなく切腹の命令を受ける。

なぜ、利休は切腹を命じられたか?

有力な説の一つは、利休が大徳寺山門に自分の木像をまつったことが原因という説。大徳寺の山門は、勅使や秀吉自身も通る場所であり、「町人風情がその上に立って見下ろすとは何事か」というのが、切腹の理由とされている。

また、利休が茶器の売買で不当な利益を上げていたことも、切腹の理由だったといわれる。確かに、利休は商家の出身であり、自らの名声を利用して、茶道具の売買で利益を上げることもあったようだ。

しかし、以上二つの理由は、天下の茶頭を切腹させるには、罪として小さすぎるのではないか、という指摘もある。

そのほかは、推理する人間の数だけ説が存在するという感じである。

まず、異色なところでは、「利休キリシタン説」がある。しかし、もしそうだとすれば、自殺を禁じられているはずのキリシタンが、やすやすと切腹命令に応じるはずもない。

また、「利休が秀吉の暗殺に加担していたという説」「秀頼が秀吉の種でないことを利休だけが知っていたという説」などは、話としては面白いが、根拠は何もない。

さらに、「利休が朝鮮出兵に反対したことが、秀吉の逆鱗にふれたという説」「利休の娘を側室に差し出すよう秀吉に命じられていたが、これを拒否したという説」なども、根拠薄弱だ。

また、利休の理解者であった秀吉の弟の豊臣秀長の死をきっかけに、「石田三成が利休追い落としを図ったという説」がある。これは、近年、重要視されている視点だ。

いずれの説を取るにせよ、秀吉と利休の人間関係にひびが入っていたことが前提になるのは確かなようである。二人の溝の深さは、二人の芸術観の違いによって生じたという見方もある。

利休が侘茶を唱えたのに対し、茶の道では弟子であるはずの秀吉は、豪華な広間で黄金ずくめの茶器を使って、にぎやかに茶会を開いた。おそらく、利休は、秀吉に仕えながらも、軽蔑していたに違いない。

一方、秀吉の方でも、そういう利休を煙たく感じる部分があったのだろう。その溝を、石田三成ら利休追い落とし派が利用したという見方が有力になってきているのである。

家康を挟み撃ちに——石田と上杉の〝東西呼応策〟の真実

天下分目の関ヶ原の戦いは、慶長五年（一六〇〇）、徳川家康が会津の上杉景勝征討の兵を起こしたのが、そもそもの発端となった。

前年、会津に帰った上杉景勝は新たに城を築き、武器を買い込んで、多数の浪人をかかえ始めた。それを反抗の準備と見なした家康が、六月一八日、伏見を出発し、征伐に出たのである。

では、このとき、なぜ上杉家は最大の実力者である家康を敵にまわすような反抗的な行動をとったのか？

これには、石田三成と上杉家の老臣直江兼続（かねつぐ）が共謀して仕組んだものという説がある。いわゆる「東西呼応説」だ。つまり、家康に出陣させる狙いで、わざわざその理由を与えたというわけだ。家康に兵を起こす名目を与え、それを東西からは挟み撃ちにするという、石田三成の大構想だったというのである。

この密約説を裏づける証拠が、三成から直江兼続に送られたという〝一通の手紙〟である。

家康の伏見出発から二日後に出されたという手紙には、「家康は、一八日に会津に向けて出馬した。かねての計画が思い通りになったわけで、まずはめでたい。自分も油断することなく準備をして、来月初めには、佐和山を出て大坂に向かう。毛利輝元、宇喜多秀家も信頼のできる味方なので、安心されるがよい」などと書かれている。

文面から判断すれば、二人の密約通りに事態が進んでいることを喜んでいるように思える。事実、その後、三成は予告通りに大坂で兵を挙げた。そこで、この手紙こそが、「東西呼応説」の何よりの証拠というわけである。

ところが、この手紙は「後世の創作」という説がある。実際のところ、この手紙の現物は現存していない。関ヶ原の戦いから八〇年も後の『続武者物語』（一六八〇頃）という書物に引用されているだけで、筆跡による判定ができないうえに、言葉づかいにも不自然なところがあるのだ。

さらに、東西の密約があったにしては、家康軍に対する上杉側の反応が鈍すぎるとみる人もいる。たしかに、直江兼続は兵を動かしたが、それは出羽一国を従えようというものにすぎなかった。三成と共同して、家康を東西から挟撃しようという意図は感じられない動きなのである。

また、関ヶ原の合戦後、上杉家は三分の一に減封されたものの、滅亡をまぬがれている。

はたして三成と上杉の間に密約は本当にあったのか。あるいは後世の創作なのか。

はたまた密約はあったが、最後に上杉が裏切ったのか。

数多くの謎は、今も解明されていないが、いずれにせよ、最後に笑ったのは家康だけだったということは、ご存じのとおりである。

「関ヶ原の戦い」で、小早川秀秋が寝返るまでに裏で起きていたこと

関ヶ原の戦いの勝敗を決定したのは、小早川秀秋の寝返りだといわれている。この裏切りをうながしたのは、家康側による鉄砲の撃ち込みだという話は知られている。

戦場南側の松尾山に陣取っていた小早川軍に対して、家康方の鉄砲隊がいっせいに撃ち込んだ。これを見て驚いた小早川が、あわてて西軍に総攻撃をかけたというのである。

この話は、江戸時代の軍記物語でさかんに語られ、一時は史実として認められていた。しかし、信用のできる史料で裏づけられているわけでもなく、また関ヶ原の

地形を見ると、とても信じられないため、今日では後世の作り話だろうという見方が有力になっている。

もし、鉄砲隊が射撃したのが、東軍の最前線だったとすると、松尾山の山頂までは、直線でも一三〇〇メートルほどある。それだけの距離があれば、火縄銃の弾では当然届かない。それどころか、銃声が届いたかどうかさえ疑わしい。

さらに、近くまで鉄砲隊が派遣されたとしても、小早川秀秋がそれをなぜ家康の催促と理解したのかという疑問が残るからである。

一方、家康にしても、鉄砲を撃ち込んだ結果、小早川が逆襲してくる心配はしなかったのかという問題もある。小早川が味方につく可能性に賭けたということも考えられるが、その時点の戦況はほぼ五分五分、状況によっては、家康側が総崩れになっていたかもしれないのだ。

そこで、近年は、家康が鉄砲を撃ち込むまでもなく、小早川秀秋は豊臣側を裏切り、家康側に内応していたことが確実視されている。

小早川秀秋は、もともと秀吉の妻ねねの甥であり、秀吉の養子となった。子どもの頃は、羽柴家（後の豊臣家）の世継ぎとして、秀吉にも可愛がられて育った。

彼の運命が変わったのは、秀吉の側室茶々が鶴松を産んでからである。秀吉は、鶴松が世継ぎであることを天下に示し、幼くして鶴松が死ぬと、今度は自らの甥の秀次を世継ぎとした。秀秋には見向きもしなくなったのである。

その後、秀秋は、文禄二年（一五九三）、小早川隆景の養子となった。茶々が秀吉待望の世継ぎ秀頼を産んだのと同じ年だった。

それから四年後、慶長二年（一五九七）、秀秋は朝鮮再遠征軍の総大将として、一六万余の兵を率いた。翌年の蔚山（ウルサン）の戦いでは、自らも敵陣に乗り込み、一三人を斬ったといわれている。ところが、総大将としてはあるまじき行為として、怒った秀吉に「すぐに帰国せよ！」と一喝され、筑前、筑後など五二万石余も取り上げられた。代わりに与えられたのは、越前一五万石にすぎなかった。

やがて、秀吉は他界する。そのとき、傷心の秀秋に手を差し延べたのが、家康だった。秀秋のために力を尽くし、失った旧領を戻してくれたのである。この一件から、秀秋は、秀吉と豊臣家への複雑な想いがますます積もり、家康に深い恩義を感じるようになっていたという。

それに対し、石田三成率いる西軍が守ろうとする秀頼や茶々は、自分が豊臣家を去ることになった原因ともいえる人物だ。秀頼に忠義を尽くすつもりは、最初からなかったとも思われる。

豊臣家への恩義と恨みという、揺れ動く気持ちのなかで、秀秋は裏切りを決意したのであろう。

細川ガラシャの壮絶な最期の場面で、何が起きていたのか

戦国の世、男たちの抗争に巻き込まれ、悲しい死を遂げた細川ガラシャ。最後には、自ら死を選んだといわれている。

人質にとられていたこともあり、武士の妻なら、そうなっても不思議ではない最期といえるかもしれない。しかし、ガラシャは、キリスト教の信者だった。キリスト教は、自殺を厳しく禁じている。そこから、ガラシャは、自殺ではなかったという説が生まれることになった。

ガラシャ（玉）は、明智光秀の三女で、織田信長の命によって、細川忠興（ただおき）のもと

へ嫁いだ。だが、ほどなく、父光秀が本能寺の変という大事件を起こす。岳父光秀からの誘いを受けた忠興は、それには応じず、玉を丹波三戸野の山中に幽閉する。玉が、侍女清原マリヤによって、キリスト教に出会ったのは、この間のことである。

光秀の死後、忠興のもとへ戻った玉は、洗礼をうけ、ガラシャという洗礼名を名乗るのである。

やがて、秀吉が死ぬと、政権内部での抗争が激しさを増していった。諸国の大名は、豊臣秀頼を担ぐ石田三成につくか、天下を狙う徳川家康につくかの二者択一を迫られた。

ガラシャの夫忠興も、例外ではなかった。しかし、結論を急いで、判断を誤るわけにもいかない。西軍の実力者、毛利氏がどちらと手を組むかなど、情勢を判断するには、不確定な要素も多かったからである。

忠興は、他の諸大名同様に、両天秤をかける道を選んだ。息子忠利を家康のもとへ人質にだし、ガラシャ夫人を三成側の大坂の館に住まわせた。細川家安泰を第一に考えたのである。

ついに、家康が動いた。上杉景勝征討の名目で、兵を集めたのである。忠興は、従うしかない。しかし、ガラシャを大坂にとどまらせたことは、豊臣の重臣として家康の命令に従うのであって、家康側に付くわけではないという意思表示にはなっていた。しかし、兵を挙げた石田三成は、家康に従って上杉征討に向かった大名の妻子を大坂城内に閉じ込め、本格的な人質としようとしたのである。

ガラシャは人質になることを拒否した。それに対し、三成は、力ずくでも人質に申し受けると最後通牒をしてきた。

他の大名の妻たちは、すでに逃げていたものも多かった。しかし、ガラシャは逃げることを選ばなかった。明智光秀の三女で、武士の娘、妻として生きた彼女は、自ら死を選んだとされている。

その瞬間について、『細川家記』は、家老小笠原少斎が、部屋の外から「奥方、ごめん候」と声をかけ、ナギナタを振り下ろした。それを胸に受けて、ガラシャは死んだとある。

それから、家臣が、遺体に夜具をかけ、火薬に火をつけた。ガラシャの死を三成側に告げ、家臣たちは腹を切ったという。このときガラシャは三八歳だった。

第4章
江戸時代

豊後に流された家康の孫・松平忠直の〝暴君伝説〟とは？

菊池寛の小説『忠直卿行状記』によれば、徳川初期の越前藩主・松平忠直は、無類の暴君だったということになっている。事実、忠直の暴君ぶりは、『続・片聾記』という史料に、詳細に描かれている。まず、そこに描かれた忠直像を紹介してみよう。

忠直は「一国」という名の美女を側室にしていた。あるとき、この美女が「人が殺されるところが見たい」といいはじめた。忠直は静かにうなずき、死刑囚を牢から引き出させると、自分たちの目の前で斬首させた。これを見て、一国はたいへん喜び、「また見たい」とせがんだ。

これにこたえて、忠直は次々と囚人を切り殺し、ついには軽い罪の者まで死刑にするようになった。そして、越前城下では、二人の〝娯楽〟のため、人間狩りまで行われるようになった……。こういう悪行が幕府に知られたため、忠直は豊後（大分県）に流された、というものだ。

しかし、研究者によると、このエピソードは丸っきりのでたらめだという。まず、これらの話を書き残した『続・片聾記』は、忠直の時代から二〇〇年もたった幕末に書かれたもので、信憑性に乏しい。さらに、一国という名の側室がいなかったこともわかっている。

ただ、忠直の暴君ぶりは、決して根も葉もない話ではなく、忠直が、女中を二人、殺害したという事実はある。事件の発端は、忠直が正室の勝子（徳川秀忠の娘）を発作的に殺そうとしたことだった。そして、止めにはいった女中を切り殺した。この事件が幕府の知るところになり、忠直は追放されたという。

それ以前も、忠直には勝手な振る舞いが多かったという。参勤交代の途中、狩猟に出かけたり、病気と称して勝手に国元に帰るなど、幕府の権威を無視した行動をとることが多かった。

もともと、忠直は二代将軍秀忠の兄・秀康の息子ということもあり、秀忠に臣下として接することを快く思っていなかったふしがうかがえる。

また、忠直は、大坂の陣での戦功をめぐり、強い不満を抱いていた。夏の陣で、忠直の軍勢は真田勢と正面からぶつかり、真田幸村をはじめ、三七〇〇余りの敵兵を討ちとった。さらに、大坂城一番乗りを果たし、家康から「目ざましい働き」と声をかけられていた。しかし「追って沙汰あるべし」といわれた恩賞は結局もらえず、これを不満に思っていたようなのだ。

そのあたりの鬱屈から、しだいに神経を病み、ついには妻にまで手をかけようとするようになったとみるのが、正解だろう。

異色な説としては、忠直は隠れキリシタンで、これが露見して追放されたというのもある。しかし証拠は何もない。

ちなみに、二九歳で流された忠直は、五六歳で亡くなるまで、豊後の地で憑きものが落ちたように穏やかに暮らしたという。

山田長政の失脚と死に関わった〝影〟の正体

江戸時代といえば、いわゆる鎖国の時代だったという印象が強い。しかし、その草創期は、むしろ国際化のすすんだ時代だったといえる。朱印船による貿易が活発に行われ、多数の日本人が海を渡り、東南アジアに飛び出していった。

大坂の陣のあと、数多くの大名家が取りつぶされ、世の中には浪人があふれていた。徳川幕府は、潜在的不満分子である浪人を海外に送り出すため、彼らの海外渡航を黙認していたのである。

そして、当時、海外に飛び出した男たちの代表といえるのが、山田長政である。

山田長政は、生まれた年もはっきりわからない。日本では、沼津藩で六尺（駕籠かき）をしていたが、一六一一年ごろシャムのアユタヤに渡ったとみられる。当時、アユタヤには、一〇〇〇人以上の日本人が住み、日本町を形成していた。

そのころ、シャム王室は、日本から渡ってきた武士たちを傭兵として高く評価していた。長政は、もともと武将としての資質を備えていたのだろう。すぐに、傭兵部隊長として頭角をあらわし、数々の戦功をあげて、日本町の頭となった。

のちには、国王ソンタムから最高の官位まで授けられている。

しかし、一六二八年、長政を信任していた国王が亡くなると、王位継承をめぐる争いが王族間で起きた。王弟と王子の争いである。長政は王子派につき、王子の即位に成功する。しかし、その後、王子派の中心人物だった王族オヤ・カラホムとの政争に破れ、南方のリゴールという地区の総督に左遷されてしまう。

そして、長政は南方での戦いで足を負傷する。その傷は致命傷ではなかったのだが、オヤ・カラホムの命令を受けた男によって、傷口に毒薬を塗られ、死んだという。長政の死後、アユタヤの日本町は焼失し、現在では跡形もない。事実上、長政とともに、日本町も滅んだのである。

しかし、近年、長政の失脚の背景には、王室の争いだけではなく、もっと国際的な陰謀があったという見方もある。

当時、シャムは東南アジア随一の豊かな国であり、アユタヤは国際貿易の拠点だった。長政自身、軍人であり、政治家であったが、貿易家としても多くの権益を握っていた。日本本国との朱印船貿易、東南アジア各地との交易に関与し、大きな利益を得ていたのだ。

それを奪おうと画策した勢力があったと考えても、不思議ではない。

まず、オランダが、長政と日本追い落としの陰謀に関係していたという説がある。オランダは鹿皮を独占的に扱う権益を持っていたが、これを長政に奪われそうになったため、シャム王室の反日感情を煽ったというのだ。これが成功し、長政は失脚、アユタヤを追われることになったという。

また、同じような動機で、他の商人たちが動いていたという説もある。たとえば、当時、アユタヤでいちばん大きな勢力を持っていたのは、中国人の華僑たちだった。山田長政は華僑との利権・勢力争いに破れ、アユタヤを追われたという説もある。

なにしろ、長政は日本史のスケールからはみ出していった人物。ライバルとして渡り合う相手も、一筋縄ではいかない手ごわい連中だったのかもしれない。

異国の地で活躍し生涯を終えた長政らしく、その死の裏には、国と国という大きな勢力のぶつかり合いが見え隠れするのである。

「慶長遣欧使節」をローマに派遣した伊達政宗の思惑は？

伊達政宗が、家臣の支倉常長をヨーロッパに派遣したのは、大坂の陣の直前、慶長一八年（一六一三）のことである。

「慶長遣欧使節」が一八〇人余りを乗せて牡鹿半島を出発したのが一六一五年。メキシコを経由して、スペイン、イタリアを訪れ、ローマ教皇らに謁見して、通商条約の締結や宣教師の派遣を求めたという。結局、交渉に失敗して一六二〇年に帰国している。

使節派遣にあたって、帆船を建造したのは徳川家康のもとにいた船匠と幕府の船大工だったので、幕府が当初から関与していたことは間違いないようだ。

ところが、使節を送ったのが、稀代の曲者といわれる伊達政宗。裏で、何か政治的な思惑があったのではないかという見方もある。

よく知られているのは、教皇やスペイン国王と手を結ぶことで正宗は幕府と対峙しようとしたという説なのだが、はっきりとそれを裏付ける史料はない。

日本では、その間、キリシタン弾圧が日に日に強くなっていて、そうした日本の政治状況は、ローマ教皇の耳まで届いていたという。

ローマ教皇、スペイン国王、幕府、そして伊達政宗。それぞれ、どのような思いをもってこの使節を受け止め、どう動いたのか、まだまだ謎に包まれた使節なのである。

江戸城内で起きた大老・堀田正俊殺害事件をめぐる〝闇〟

五代綱吉を支えた大老堀田正俊が、江戸城内で殺害されたのは、貞享元年（一六八四）八月二八日のことだった。

御用部屋に入ってきた堀田正俊は、若年寄の稲葉正休（まさやす）とともに、廊下へ出た。すると、稲葉正休がいきなり小刀を抜いて、からだごと堀田正俊の脇腹に押しつけた。小刀は背中まで突き抜けたという。すぐに応急処置がほどこされ、正俊は屋敷に帰されたが、まもなく帰らぬ人となった。

一方、刺した稲葉正休の方は、堀田正俊の叫び声を聞いて御用部屋から飛びだしてきた大久保加賀守忠朝など三人に、その場で討ち取られた。

ときの大老が、殿中で、しかも若年寄に殺されたというのだから、もちろん大騒ぎとなった。しかし、稲葉正休が大老を殺害した理由は、見当がつかなかったという。

仮に稲葉正休の〝私憤〟と考えれば、動機とみられるのは、摂津と河内の河川調査問題だという。綱吉の命令で、稲葉正休は河川の状況を調査、報告書を提出して、綱吉から羽織一枚を与えられている。しかし、その四カ月後、堀田正俊によって、河村瑞賢（ずいけん）が山城と河内の河川調査にあらためて派遣された。そして、その調査に基づいて、改修計画が立案され、実施されることになった。

ということは、稲葉正休の報告書は、事実上堀田正俊によってつぶされたということになる。稲葉正休が堀田正俊に面目をつぶされたと考えても不思議ではない。事実、稲葉正休はこの一件で堀田正俊をひどく憎んでいたと記した文書もある。

しかし、殿中で刀を抜いたのは、河川調査から一年以上ものちのこと。この程度の恨みを一年以上も抱きつづけ、殿中で刃傷（にんじょう）におよぶだろうかという疑問は残る。

そこで浮上するのが、稲葉正休の凶行の裏に黒幕がいたという説。もし、黒幕がいたとすれば、それは五代将軍、綱吉自身ではないかとする説もある。

もともと、綱吉は、堀田正俊のおかげで将軍になったようなものだった。四代家綱の病がすすみ、後継問題が持ち上がったとき、綱吉の名は下馬評にもあがっていなかった。ときの大老酒井忠清は、天皇家とかかわりのある将軍を迎えたかったといわれる。

そのとき、大老酒井忠清の意に反して、徳川の血筋をひく綱吉の存在を訴えたのが、老中になったばかりの堀田正俊だった。そして、水戸光圀も堀田の意見に味方して、将軍綱吉が誕生したのである。堀田の後押しがなければ、綱吉は館林藩の領主で終わっていたかもしれない。

綱吉が将軍になってからも、堀田正俊はうまく補佐した。しかし、恩人には違いないにしても、綱吉はしだいに堀田を煙たく思うようになったのではないかという見方があるのだ。

堀田正俊は硬骨漢で、綱吉にもズケズケとものをいった。綱吉を人前でけなすこともあり、綱吉はしばしばプライドを傷つけられていた。堀田正俊を遠ざけたい気持ちになっていたのかもしれない。

じつは、稲葉正休は懐に暗殺の趣意書を持っていた。そこには、将軍綱吉に並々ならぬ厚恩を受け、その恩は一生かかっても報じきれないものだ。その恩に報いるため、正俊を討ち果たすとしたためられていた。

それらを状況証拠と考えれば、稲葉正休が凶行後、すぐに殺されたのも、口封じのためだったとも考えられなくもない。その直後、水戸光圀は、なぜその場で取り押さえなかったのだと嘆いている。それ以上、稲葉正休が暴れることはなかったはずなのである。

真相はわからないが、稲葉正休の私憤というのは、動機として弱すぎるといわざるを得ないだろう。この事件には、もっと大きな力が、働いていたとみる方が自然かもしれない。

二代将軍秀忠の娘・千姫についての〝悪い噂〟の出どころは？

徳川二代将軍秀忠の娘で、豊臣秀吉の子・秀頼に嫁いだ千姫。しかし、豊臣家滅亡のあと、彼女の人生には、さまざまな噂がつきまとった。

たとえば、吉田御殿の乱行物語は、その一つである。「吉田通れば二階から招く、しかも鹿子の振袖で」と歌われたようにふしだらな女性と噂された。

俗説によれば、千姫は、磯野源之丞というハンサムな侍に恋したが、相手にされなかった。そこで、麹町三番町にあった吉田御殿から、往来する男を物色。源之丞に似た男を招き入れては、秘めやかな遊びを楽しんだ。ことが済めば、醜聞がもれるのを防ぐため、相手の男を殺したともいう。この話は、江戸時代、錦絵にもなっている。

しかし、いくらなんでも、将軍家の娘ともあろう者が、往来を通る男に呼びかけるほど小さな家に住んでいたとは、考えにくい。また、吉田御殿の存在は、史料ではまったく確認できていない。それらしきものが、一切特定できないのである。

豊臣家滅亡後、千姫につきまとった噂は、のちの創作としか考えられない話ばかりである。秀頼が自害した大坂夏の陣のあとには、こんな噂が広まったという。

家康は、大坂城から千姫を救い出した者に、千姫を与えようといった。そこで、津和野の城主・坂崎出羽守が、炎の中へ飛び込んで千姫を救い出した。ところが、救出の際負ったやけどの醜さを嫌った千姫が、坂崎には嫁ぎたくないとダダをこねたという。そして、江戸へ向かう途中で見初めた美男の本多忠刻（ただとき）と再婚してしまった。約束を反故（ほご）にされた坂崎出羽守は、謀叛を起こそうとしたが、家臣たちに謀殺されたという――。

だが、これもまったくのでっちあげである。真相は、京都の公家とも親しかった坂崎出羽守が、千姫の再婚相手探しを頼まれたが、その縁談がまとまりかけたとき、本多家と千姫の縁談が決まってしまう。そこで面目を失ったと怒った坂崎出羽守が、この縁談をつぶすと騒ぎはじめたので、お家の大事を恐れた家臣たちによって殺された……どうも、こちらが真相らしい。

また、千姫が、江戸に向かう途中、本多忠刻を偶然に見初めたというのもウソ。忠刻の祖父は、家康の功臣で、徳川の四天王と呼ばれた人物だった。千姫が嫁ぐに値する名家であったということなのだろう。

史実は、忠刻と結婚した千姫は、姫路城に住んだが、一〇年後に忠刻が死去。その後は、江戸にもどって出家し、天樹院と称して七〇歳まで生きたという。

では、なぜ、これほどまで、千姫には悪い噂がつきまとったのだろうか？

一つには、豊臣家の残党が、秀頼の夫人であった千姫をかつぎ再び兵を起こすことのないように、千姫の悪評をたてたという説がある。つまり、徳川側の謀略なのではないかという見方である。

だが、もっとストレートに考えれば、滅亡した豊臣家の悲惨さに比して、再婚して幸せに暮らす千姫への世間の眼の冷たさが反映していたといえるだろう。

家康の子でありながら改易された松平忠輝の数奇な生涯

江戸時代の「改易」とは、武士の身分を平民に落とし、家禄や屋敷を没収することをいう。切腹よりは軽く、蟄居（ちっきょ）よりは重い罰だった。

江戸初期、改易を命じられた大名に、松平忠輝（ただてる）がいる。家康の六男で、信州川中島と越後の一部を領有していた忠輝が、大坂夏の陣のあと、いきなり大名の身分を奪われ、領地を没収されたのである。

この突然の改易をめぐっては、独裁体制を整えるための、二代将軍秀忠の陰謀だったという説がある。

関ヶ原の合戦後も、加賀には、一〇〇万石を有する豊臣系の大名前田氏がいた。この前田氏の動きを封じるには、越前松平氏とともに前田氏をはさむ越後に、直系の大名が必要だった。

また、越後は、佐渡金山から掘り出された金を江戸へ輸送するためにも、重要な場所である。

その役をになったのが、松平忠輝だった。関ヶ原の合戦から三年後の慶長八年（一六〇三）、信州川中島一四万石の城主に転封。さらに、越後の堀忠俊の没収領を合わせて与えられた。忠輝は、北国の諸大名牽制と、金の輸送路確保という重責をになったのである。

ところが、一六一五年、大坂夏の陣で豊臣氏が滅びると、状況は一変した。もはや、前田家が反抗するわけもなく、松平忠輝の存在価値が一挙に薄れたのである。戦いののち、家康、秀忠を中心とした戦功会議が開かれ、ただちに忠輝の改易が決定した。

最大の理由は、忠輝が豊臣方と密通していたというもの。証拠としては、越後藩勢が、大坂夏の陣のさい、五月六日の道明寺方面の戦いに参加しなかったことが挙げられた。

しかし、忠輝率いる越後藩の動きが鈍かったのは、仙台藩の背後にいたためというのが実情だった。が、そういう事情はまったく考慮されなかった。

また、忠輝の家臣が旗本を斬殺したことも、問題にされた。忠輝率いる越後軍が京都へ向かう途中、将軍直参の旗本一行が、会釈もせずに通りすぎようとした。そのため、斬り捨てたというものである。

忠輝側の史料によれば、非礼であると咎めたところ、「我らの主でもなき人に下馬する必要はない」と捨てゼリフを吐いたので、斬殺したとなっている。

秀忠は、この件を持ち出して、将軍直属の家来である旗本とわかった時点で謝罪するのが筋、将軍の威信上許せない行為であるという理由をつけて、改易を命じたのだ。

さらに、家康が一族を率いて宮中に参内したとき、忠輝は仮病を使って同行しなかったばかりか、川狩りをして遊んだり、国に帰ったことも問題となった。

信賞必罰の立場からして、改易に一理あったとしても、家康直系の忠輝を問答無用で改易したことは、全国の諸大名をふるえあがらせるには、充分な効果をもたらしただろう。

肉親を犠牲にしてまでも将軍家の権威を高め、二代将軍としての自分の地位を守ろうとした秀忠の政治的意図が働いていたことは間違いない。

加藤清正の死がさまざまに語られる理由

秀吉子飼いの武将で、朝鮮出兵などで活躍した加藤清正は、徳川家康の策略によって暗殺されたとも伝えられる。はたして、本当なのだろうか？

加藤清正が五一歳で急死したのは、慶長一六年（一六一一）六月二四日のことだった。その約三カ月前、清正は、京都の二条城で、豊臣秀頼のお供として家康に会見している。

この会見を申し入れたのは、家康側だった。秀頼の母淀君は、最初、家康の策略に違いないと考え、この会見に反対した。ところが、清正や浅野幸長、池田輝政ら、秀吉恩顧の大名らが、淀君を説得し、秀頼を護衛して、家康の申し出を受けることにした。

その席で饅頭が出されたが、毒針で刺したためか、蜂の巣のように孔が開いていたという。そのため、清正らは、「虫気（腹痛）があるので、召し上がれませぬ」

といって、秀頼には食べさせなかった。

しかし、清正も食べないのは不自然と、無理に食べてしまった。そのため、清正は三カ月後に亡くなったという。

ただし、この説が世間に広まったのは、江戸時代になってからのことで、浄瑠璃や歌舞伎で上演されてからのことである。後世の創作とみるのが、順当なところだろう。

そこで、毒殺説に代わってささやかれるのが、「梅毒説」と「熱病説」である。梅毒の日本伝来は、「鉄砲伝来」より早く、一五〇〇年代の初期。外国船員によって持ち込まれたようで、戦国時代、梅毒にかかる大名は少なくなかった。美女をはべらせ、酒宴をはることが好きだった清正が、梅毒にかかっていた可能性は否定できない。

また、二条城で会見後、領土の熊本へ帰る途中、船の中で熱病を患い、それが原因で死んだという説もある。

この説は、清正の家臣木村又蔵の書いた『清正記』に記されている。だが、他の書物には、帰国後、二、三日して、舌が動かず、口もきけなくなったとあるから、高熱のためとも考えられるが、何かの中毒とも考えられる。

さらに、清正は、平素から不養生で、跡目相続にもたつくなどイライラも積もっていたこともあって、脳卒中をおこしたという説もある。

数多くの英雄の死と同様、真相はわからない。

「宇都宮吊り天井事件」の謎は、どこまで解けたのか

江戸幕府の草創期、徳川家の家臣として活躍した大名に、本多正信、正純親子がいる。二代秀忠が将軍位を継いでからも、本多正純は家康の寵臣として、家康とともに駿府にあって、家康と秀忠の連絡役をこなした。

しかし、今でいう世代交代がすすんで、幕府中枢に秀忠の側近が起用されるようになると、しだいに正純は孤立していく。

家康が亡くなったあとの元和五年（一六一九）、正純は宇都宮一五万石の城主となった。そして、世にいう「宇都宮吊り天井事件」が起きたのは、さらに三年後の

元和八年のことである。

この年は家康の七回忌にあたり、秀忠は日光東照宮に参詣した。その帰路、往路と同じく宇都宮で泊まる予定だったのだが、夫人の病気を理由に、宇都宮へ寄らずに帰ってしまったのである。

その八カ月後、正純は突然、所領をとり上げられ、出羽由利へ流された。

最初は、賄料五万五〇〇〇石を与えるといわれたが、よほど無念だったのか、正純はそれを断っている。わずか一〇〇〇石をもって出羽へ向かい、佐竹氏の預かりとなった。

のちに、幕府から佐竹氏のもとへ、もっと厳しく扱えという命令がきて、正純は障子戸まで釘づけにされた部屋で暮らしたという。正純が流された理由は正式には伝わっていない。

やがて、人々の間では、「宇都宮城内の将軍の寝所に、吊り天井をしかけ、秀忠を圧殺しようとした」とか、「湯殿の床が抜け落ちる細工がしてあり、その下に剣が立てて並べられていた」という噂が流れはじめた。

幕府に対する本多家の貢献を考えると、にわかには信じられない話である。しかし、秀忠が厳しい処分を下しているところから、何らかの政治的な陰謀があったのではないかと考えられている。

当時、本多正純を激しく憎んでいた女性がいた。徳川家康の長女の加納御前である。娘の夫が、政敵正純の謀略で失脚し、配流になっていたのだ。

さらに、正純が宇都宮へ移ったとき、押し出されるように古河へ移封されたのが、加納御前の孫だった。いつか、これらの恨みを晴らしたいと思っていても不思議はない。

そして、将軍秀忠は日光東照宮へ参詣した際、加納御前のいる古河に泊まっている。異母姉の彼女が、「正純には、お上を害するような不審な動きがある」と密告したとすれば、秀忠が帰りに宇都宮へ寄らなかった事実も納得がいく。

加納御前の密告があったとすれば、もともと正純を煙たく思っていた秀忠の側近にとっては、追い落としのかっこうの口実になったとも考えられる。

加納御前による怨恨説以外では、当時、秀忠の側近だった土井利勝と激しい権力闘争があったことが事件の背景にあるとする説や、将軍秀忠本人の〝仕掛け〟と見る向きもある。

遠山金四郎景元の〝桜吹雪〟の刺青はどこまで史実か

「やいやいやい、この桜吹雪が目に入らぬか」といえば、ご存じ、町奉行遠山の金さんである。

裁きの場で、シラを切る悪人に、諸肌脱いで背中の桜吹雪を見せる。悪人は、その見事な刺青を事件現場で見たことを思い出す。そこで、シラを切っても、桜吹雪はお見通しだと観念するのである。

テレビ時代劇でおなじみだった名場面だが、実在の遠山金四郎が本当に桜吹雪の彫り物をしていたかどうかは、疑問だという声が大きい。

本来、桜吹雪の刺青は、博徒や町火消しなど、顔を売る男たちの間で流行したもの。武家に生まれた金四郎には、さすがになじまないというのが、その理由の一つ。

遠山の金さんこと、遠山景元は、れっきとした三〇〇〇石の旗本の家に生まれた。幼名を通之進といったが、のちに通称を金四郎とした。ただし、家督は兄の景安が継ぐと決まっていたため、金四郎は部屋住みの宿命を背負っていた。

そのせいか、金四郎は遊びに浮かれ、廓に通いつめ、長唄の名取りにまでなっている。金四郎が刺青を入れたのも、その頃とされ、現実に刺青を彫っていたのは確かなことのようだ。

疑問なのはその図柄が、桜吹雪だったかどうかである。

裁きの場で、金さんは、いつも下着の袖で二の腕を隠していたというから、ひょっとすれば、掟破りの桜吹雪を彫っていたのかもしれない。その一方、武士ということを考えれば、図柄は雲竜ではなかったかという説もある。

もちろん、研究者の中には、武士である金さんは、刺青などしていたはずがないと、すべてを否定する人もいる。

「明暦の大火」の出火元が、それでもはっきりしない理由

江戸始まって以来の大火で、江戸の町が丸焼けとなったのが、明暦三年（一六五

七）の「明暦の大火」である。

正月一八、一九日の二日間にわたって燃えつづけ、江戸の過半を焼失。焼死、不明者は三万人とも一〇万人ともいわれる。さらに、江戸城にも飛び火し、天守閣は、このとき焼け落ちてしまっている。

のちに、この火事は「振袖火事」と呼ばれることになった。江戸市中に次のような噂が流れたのである。

ある娘が、本郷丸山の本妙寺参詣の帰り、寺小姓風の美少年にひと目ぼれした。彼の着ていた紫縮緬と同じ反物で振袖をつくってもらい、眺めて暮らすうち、一七歳で思いこがれて死んでしまったという。

娘の葬儀後、その振袖はいったん本妙寺に納められ、古着屋の手にわたった。すると、それを買い求めた別の娘も死んでしまった。さらに、その後も同様のことが続いたので、さすがに住職も気味悪くなって、御祓いをしてから振袖を焼いた。すると、一陣の強風に、その振袖が舞い上がり、あたりに火の粉をまき散らした。これが原因となって、江戸中に火の手が広まったという。

「振袖が原因」というのは、のちの創作だろうが、明暦の大火の火元は本妙寺ということで決着している。

しかし、不思議なのは、大火後、多くの寺が寺地を移動させられたのにもかかわらず、本妙寺は動いていないことだ。さらに、大火事の原因となりながら、寺格が上げられているのも奇妙な話だ。本来なら、廃寺とされても文句がいえないところといえる。

このあたりから、本妙寺は、それらの措置と引き換えに、火元と断定されることをあえて引き受けたのではないか、と疑う声がある。

では、真の〝火元〟は誰かというと、なんと幕府自身だったという説がある。

幕府は、かねてより無計画な過密化が進んでいた江戸の町の大整理をもくろんでいた。そこで、火を放ち、一気に〝地上げ〟しようとしたというのである。もしそれが本当なら、ずいぶんと荒っぽい〝政策〟である。

当日、火は午後二時頃、本郷から上がったが、折からの強風に乗って神田一帯を焼き、神田駿河台で火の手は二手にわかれた。怪しいのは、ここからである。

翌日の昼近く、いったん鎮火したにもかかわらず、今度は小石川で出火して燃え広がる。さらに風向きが変わった直後、麹町からも火の手が上がって、芝方面に燃え広がり、江戸の南半分を焼く大火となったのである。

事実としてはっきりしているのは、大火のあと、幕府は莫大な資金を投入して、市街整備を進めたことだ。

防火策として道幅を広げ、広小路(ひろこうじ)と呼ばれる火除け地用広場や防火堤を設置、大名や旗本の屋敷替えも行った。吉原の遊廓を移転したのも、多くの寺院が移転してきた浅草が繁華街としてにぎやかになったのも、この火事がきっかけである。

まさに、この火事は江戸を一新させる役割をになったともいえる。

結局、出火の原因は不明なのだが、江戸改造のために、幕府自ら放火しておいて、大火になるように放置。また、火をあおって、本妙寺を火元として始末をつけたのではないかという推測が成り立たないわけではない。

赤穂浪士の討ち入りをめぐる〝幕府黙認説〟の信憑性

「時は、元禄一五年一二月一五日」といえば、『忠臣蔵』である。その日の未明、本所松坂町の吉良上野介義央の邸に、四七人の赤穂浪士が乱入した。彼らは、前年三月、江戸城内で吉良上野介に刃傷に及んで、切腹を命ぜられ、お家断絶となった播州赤穂藩主浅野内匠頭長矩（ながのり）の遺臣たちである。完全武装のいでたちで、主君の仇を討ちに入ったのだった。

一方、吉良邸は、寝込みを襲われて大混乱、多数の死者を出した。そして、ついには潜んでいた上野介も見つかり、首をはねられたのである。

赤穂浪士たちは、上野介の首をかかげながら、現在の勝鬨（かちどき）橋で勝どきをあげ、内匠頭の墓所である品川の泉岳寺までパレードした。

事件は、浪人全員の切腹で幕を閉じるが、彼らはやがて「義士」と呼ばれ、国民的英雄になっていく。

この歴史的には、「赤穂事件」といわれる事件は、歌舞伎をはじめ、映画、テレビドラマなど、さまざまな分野で繰り返し取り上げられてきたが、史実としては謎の部分がけっこう残されている。ここでは「討ち入りは幕府に黙認されていた」という説にスポットを当ててみよう。

赤穂浪士による討ち入りは、浅野内匠頭が起こした刃傷事件から、一年一〇カ月のちのことだった。仇討ちを決定した京都円山（まるやま）での会議からでも、半年がたっている。さらに、大石内蔵介らが江戸へ入り、討ち入り計画を進めていることは、町人のあいだですら、噂になっていた。

しかし、その間、幕府や町奉行は、なんの手も打っていないのである。

事実、大石内蔵介自身が、地元の寺へ宛てた手紙に、「当局からは、なんの干渉もない」と書いている。

また、殿中の刃傷事件のあと、吉良邸の隣家、蜂須賀飛騨守の屋敷が、老中に、赤穂浪士が討ち入ったときの対応を尋ねている。その返事は「お構いなし」だったというのだ。つまり、成り行きにまかせよというわけである。

その言葉どおり、なんの対策もとらなかった幕府は、黙認の方針だったといえるだろう。世間では、上野介にはなんのお咎めもなく、浅野内匠頭だけが切腹のうえ、お家断絶の処分をくだされたことへの批判があった。

このうえ、もし浪士たちを未然に捕らえたりすれば、幕府への不満はさらにつのることになる。そこで、成り行きにまかせる方針をとったのかもしれない。

しかし、もし〝ヤラセ〟だとしても、治安面からすれば、江戸中を騒がせる大事件を黙認したわけである。そのあたり、幕府にどういう計算があったのかは、いまだによくわからないままである。

徳川綱吉暗殺説の裏にある徳川家の〝暗闘〟とは？

一七〇九年正月一〇日、将軍綱吉の死が発表されると、江戸中の庶民が喝采したという。天下の悪法「生類憐みの令」の廃止を、誰もが予感したからである。

表向き、綱吉の死の周辺は、次のように伝えられている。

亡くなる一カ月前、歳暮の宴での綱吉は、一三番も続けて舞うほど元気だったという。しかし、その無理がたたったのか、翌日から風邪気味となった。年が明けると、いったんは快方に向かい、正月九日には快気祝いとして酒を飲んだ。しかし、翌日、容態が急変。綱吉は厠で倒れ、意識不明のまま、息を引きとった、ということになっている。

綱吉の死後、江戸市中で一つの噂が流れはじめた。「じつは、犬公方(いぬくぼう)の死因は病死ではない。本当は殺されたのであって、その犯人は綱吉の正室だ」というのである。

この噂には徳川家内の暗闘が反映されていた。そのあたりを紹介してみよう。

綱吉の正室・信子は鷹司家の出身だったが、二人の間に子どもはなかった。綱吉は、側室との間に子どもをもうけ、いったんはその子が次の将軍になることに決まっていた。しかし、その子は幼くして亡くなった。

結局、綱吉の甥に当たる綱豊（後の六代将軍家宣）が養子となり、次の将軍に決定。信子もこの決定を支持していた。

しかし、その後、「綱吉には、別に実の子どもがいる」という噂が流れはじめた。綱吉の側用人、柳沢吉保の子ども、吉里が綱吉の落とし胤（だね）であるというのだ。綱吉自身もそう信じていたようで、すでに決定している綱豊を廃し、次の将軍候補に吉里を立てようと、考えはじめていたという。

信子は、なんとかそれを思いとどまらせようとしたが、綱吉は聞き入れなかった。そこで、信子は隠し持っていた短剣で、綱吉の胸を一突きにし、自分も自害した。

そのとき、正室が将軍を刺し殺したことが天下に漏れては、世の中が乱れると、幕閣は綱吉の死のみを病死として発表し、二月になってから信子の死を発表したという——。

以上の話は、庶民用の読み物にも広く書かれた話だ。しかし、この説を裏付ける証拠は何もない。常識的に考えて、正室自身が将軍を刺し殺し、自害したというのは、いくらなんでも荒唐無稽だろう。

この噂は、将軍の死から、わずか一カ月後に正室も死んだことが、庶民の好奇心を刺激し、生まれてきたものと思われる。

大奥を揺るがせたスキャンダル「絵島・生島事件」の再検証

江戸時代、大奥を揺るがした最大のスキャンダルといえば、「絵島・生島事件」である。

当時、七代将軍家継の生母・月光院のお付きとして、絵島という大奥御年寄が権勢を振るっていた。その彼女のスキャンダルから、大事件に発展したのだ。大奥に本格的な〝捜査の手〟が伸びたのは、初めてのことだった。

正徳四年（一七一四）一月一二日、絵島は月光院の代わりに、将軍家の墓参りに出かけ、その帰り道、芝居小屋の山村座に立ち寄った。

大奥で働く女性にとって、城外に出かけたときが、唯一息抜きのできる時間になっていた。そういう機会を利用し、芝居を見ることは、半ば公認の遊びだったといっていい。

ただ、当時の芝居見物は、単に芝居を観るだけではなく、派手な飲食を伴った。その日も、絵島は、座敷席に酒や料理を運ばせ、芝居を楽しんだという。その日、山村座には、人気役者・生島新五郎の芝居がかかっていた。

生島の芝居に見惚れたのか、酒に酔ったのか、この日、絵島は小さな失敗をした。芝居に夢中になるあまり、大奥の門限に遅れたのだ。当時の大奥の門限は、午後四時だった。

このことが問題になり、絵島は謹慎を命じられた。しかし、それはささいな罪であり、絵島が一時的に謹慎することで、一件落着したかのように思われた。

しかし、まもなく事件は大きく動きだす。町奉行が、芝居小屋が遊興の場になっていることを問題にして、生島新五郎をはじめ、芝居関係者ら一七名を処罰したのである。

当時、絵島と生島の関係について、男女の関係があったとか、淫猥な遊びにふけっていたとか、巷間面白おかしく伝えられたが、その事実があったのかは確認されていない。

その後、この事件は日ましに拡大していった。捜査の手は、絵島周辺にも及び、絵島の義兄、親戚らが賄賂などの罪で、片っ端から取り調べを受けた。結局、この門限破りから始まった事件で、一〇〇〇人以上の人間が調べを受け、四十数人もの人間が死罪をふくめた処罰を受ける結果となった。絵島自身も流罪になっている。

むろん、これだけ事件が大きくなった裏には、政治的な思惑が隠されていた。当時の町奉行は、坪内能登守定鑑という人物だったが、一介の町奉行の独断で、大奥のからんだ事件にここまで踏みこめるわけはない。後ろで糸を引いていたのは、幕閣の中の武断派、井伊掃部頭だろうといわれている。

井伊らには、絵島を叩くことで、月光院の力を削ぎ、次の将軍指名を有利に運ぼうという狙いがあった。そして、この狙いは当たり、七代家継の死後、紀伊藩から吉宗が迎えられ、将軍の座につくことになるのである。

江戸の怪人・天一坊とは何者だったのか

「自分は、八代将軍吉宗の隠し子」と名乗った天一坊が、死罪になったのは、享保一四年（一七二九）のことだった。将軍の落とし胤であることを否定され、「天下を偽る不届き者」だと処刑されたのである。

しかし、天一坊の主張が正しかったのかどうか。否定するにも肯定するにも証拠が乏しく、事実は判然としない。

天一坊は、紀州田辺に生まれたという。母が、紀州家の家臣の家へ奉公に上がっている最中に妊娠。手当金をもらって、里帰りしてから産んだのが、天一坊だったという。

四歳のとき、伯父の僧侶を頼って、母と江戸に出る。母が商家に嫁ぐと、天一坊はそこの養子になった。しかし、母の死去とともに、再び伯父のもとへ戻り、出家したという。

母は、生前、将軍吉宗と自分、そして天一坊の間になんらかの関係があることをほのめかしていたという。また、伯父も死ぬとき、「酉年（享保一四年）の正月から三月までの間に、御公儀からお呼びがあるだろう。江戸を離れないように」と言い残したという。

そんなことがあったため、天一坊自身も、自分の生まれは尋常ではないと思い込むようになった。その後、品川の常楽院に移っても、まわりにそう言いふらし、家来まで抱えるようになって、天一坊が間もなく大名に取り立てられるという話が、世間に広まったのである。

驚いたのは、品川を支配していた関東郡代の伊奈半左衛門だった。彼は、半年かけて証拠を集め、天一坊を問い詰めたという。

その頃、天一坊は、将軍にお目通りして、刀を拝領したとまで、平気で大ぼらを吹くようになっていた。結局、天下を惑わす不届き者ということで、天一坊は死罪になった。

もし天一坊が吉宗の子であれば、吉宗が一五歳のとき、母親と関係を持ったことになる。実際、天一坊の母が妊娠した頃、吉宗が紀州に入っていたことは確認されている。若き吉宗が、地元の娘とかかわりがあったとしても不思議ではないのだが……。

鍋島の猫騒動をたんなる〝怪談話〟では片づけられない理由

化け猫の怪談話は多いが、もっとも有名なのは、鍋島の猫騒動だろう。

鍋島の猫騒動は、嘉永六年（一八五三）九月二一日、江戸三座の一つ中村座で、『花嵯峨猫又双子』と題して上演された。当時は、江戸中の評判をとったという。しかし、その内容に鍋島藩の若侍たちが怒り、威嚇行動に出たので、上演中止になった。さらに、その九年後、中村座で『百猫伝手綱染分』と題して上演され、広く知られるようになったという。

これらの芝居によると、佐賀三五万石の領主鍋島光茂は、たいへんな囲碁好きだった。あるとき、囲碁が強い竜造寺又一郎を殿中に呼び、一勝負した。

形勢不利になった光茂は、他の家臣たちのようには遠慮しない又一郎にイライラを募らせ、今でいえばキレてしまい、とうとう又一郎の首をはねてしまう。斬られた首は、血をふきながら碁盤の上にのり、すさまじい形相で光茂をにらみつけたという。その後、光茂は我にかえったが、時すでに遅し。又一郎の遺体を隠し、外へは絶対にもれないように箝口令をしいたという。

一方、又一郎には、お政という母親がいた。いつまでたっても城中から帰ってこない又一郎を気づかって、城内へ使者を出したりしたが、行方はいっこうにわからぬまま。すると、雨の夜、外へ飛び出していった飼い猫の「こま」が、血だらけになった又一郎の首をくわえて帰ってくる。

その生首を見て、事情に気づいたお政は、こまに鍋島家に対する無念をはらしてくれと告げ、短剣でのどを切って自害してしまう。その血をなめたこまの体は小牛のように大きくなり、又一郎の首をくわえたまま、姿を消した。

それから、光茂の様子がおかしくなった。また、城内に化け猫が出没するようになり、光茂の愛人だったお豊が、深夜、庭の池に入って生魚を捕まえて食べたり、行灯の油をなめたりするようになる。障子に映るお豊の影は猫そっくりだったという。

これは、化け猫がお豊を食い殺し、その姿をかりているに違いないと、鍋島の家臣がお豊の家にかけこんだ。すると、化け猫は正体をあらわし、ものすごい形相で襲いかかってきた。

格闘の末、化け猫は異様な叫び声とともに姿を消した。だが、家臣たちはさらに山中の化け猫一味の洞窟をつきとめ、仕留めることに成功した。それ以降、光茂の病気も全快。化け猫の霊をとむらい、又一郎の霊をなぐさめて、竜造寺一族を手厚く遇するようになった――。

以上の話をまともに信じる人はいないだろうが、問題は「いったいなんのためにこんな怪談話が仕立てられたのか？」ということである。

一説には、鍋島家に滅ぼされ、お家再興を願う竜造寺家の家臣の子孫が、鍋島家をうらみ、化け猫話をデッチあげたのではないかという。

戦国時代、肥前は竜造寺家の領地だった。しかし、天下が豊臣から徳川に移ってから、鍋島家にとって代わられ、すっかり落ちぶれてしまった。最後の子も、お家再興を訴えたが聞き入れられず、逆に会津へ流罪となる。そして、保科家へお預けの身となったまま死に、竜造寺家は断絶する。

その後、竜造寺先祖の亡霊が現れるなど、奇怪な噂が絶えなかったという。奇怪な噂話の中には、おそらくこの化け猫話のベースとなる話もあったのだろう。それを基本にして、幕末、新たにつくりあげられたものと考えられている。

「シーボルト事件」でその名が取り沙汰される間宮林蔵とは何者か

オランダ商館の医師シーボルトは、江戸末期、長崎に鳴滝塾を開設。高野長英ら、多くの日本人に医学や博物学を教え、日本の洋学の進歩に貢献した人物である。

ところが、シーボルトは、帰国時、禁制品を国外へ持ち出そうとし、今でいうスパイ容疑で逮捕される。これが、「シーボルト事件」である。

表向きは、船が台風にあって難破。その処理にあたった長崎奉行所の役人に発見されたことになっている。だが、じつは〝密告〟した者がいたのではないかといわれている。

シーボルトが二八歳で来日したのは、文政六年(一八二三)のことである。医学のほか、動物、植物、地誌学、民俗学にも通じていた彼は、日本の研究が目的で来日したのだった。ちなみに、鳥の「トキ」をヨーロッパに紹介したのもシーボルトで、中国にも生息するトキに「ニッポニア・ニッポン」という学名がついたのは、彼の影響による。

来日一年後、シーボルトは長崎郊外で、診療所も兼ねた鳴滝塾を開く。そして多くの若者が全国から入門するようになった。

シーボルトは、門人たちの前で、じっさいに患者を診察。西洋式の症状や診断の仕方、治療方法などを説明しながら、診察を行った。そうして、彼は、医学をはじめ、洋学の発展に貢献をしたのである。

また、シーボルトは、長崎丸山の遊女たきを愛したことでも知られている。一六歳の彼女を身請けし、鳴滝の塾舎に住まわせ、一女をもうけている。その女の子が、日本最初の女性医師となる楠本イネである。

そして、イネが生まれた翌年、五年の任期が切れたシーボルトは、一人帰国することになった。しかし、出島を出航直後、台風に襲われ、港外で難破する。長崎奉行所の役人が処理にあたったが、シーボルトの荷物の中から、国外への持ち出し禁制品が、いくつも発見されたのである。

なかでも問題となったのは、幕府の天文方の高橋景保が伊能忠敬の「日本沿海実測図」に基づいて作製した地図と、樺太探検を行った間宮林蔵の『東韃地方紀行』であった。

その二年前、シーボルトは高橋景保と知り合って意気投合。シーボルトが所有していたクルーゼンシュテルン著『世界周航記』や「オランダ王国海外領土全図」などと、密かに交換したものだった。

しかし、いわゆる鎖国下の日本から、日本地図を国外に持ち出すことは、重大な国禁違反だった。シーボルトはスパイ容疑で追及されたが、いっさい口を割らなかったといわれる。一方、高橋景保も、禁制品を外国人に与えたという容疑で逮捕されている。

審理の結果、シーボルトは海外追放、再渡航禁止とされ、獄中死した高橋景保は、遺体を塩づけにされたまま、死罪の判決を受けた。

事件の経過を見れば、禁制品の持ち出しが、船の難破というアクシデントによって発覚したように見える。しかし、実際は、間宮林蔵か、高橋景保門下の誰かが密告して、発覚したものと考えられている。

とくに、樺太探検で有名な、間宮林蔵は優秀な幕府隠密でもあった。優秀な隠密が証拠を残すはずもないが、シーボルト事件の裏に間宮林蔵暗躍の影を見る専門家は多い。

いまでも「桜田門外の変」の全貌がわからない

幕末の大老井伊直弼（なおすけ）が、水戸浪士ら一八名によって、桜田門外で暗殺されたのは、万延元年（一八六〇）三月二四日のことである。

二年前、天皇の勅許を得ず、日米修好通商条約に調印した直弼に対し、「尊皇攘夷」を唱える浪士たちが斬り込んだのだ。

その日は、時期はずれの雪が舞っていたという。直弼の駕籠が桜田門外へ到着したとき、水戸浪士の一人、森五六郎が、訴状を捧げて走り寄った。そして、突然、刀を抜いて、制止しようと近づいた井伊家供頭らを斬り倒したのである。

目撃談によれば、なおも森五六郎は槍持ちの槍を奪おうとした。お供の者たちは、それに対処しようと、駕篭から離れた。直弼の周囲が手薄になった瞬間、〝一発の銃声〟が響き、浪士たちが駕篭に殺到した。

そのまま駕篭の周囲で乱戦になり、最後に直弼の首を切ったのは、ただ一人、薩摩から参加していた有村治左衛門だったという。

ところが、目撃談によると、銃声が聞こえたのはたしかだが、誰がピストルを撃ったのかがはっきりしない。

当日、ピストルを持っていたのは、真っ先に飛びだした森五六郎と、黒沢忠三郎だったという。そのうち森五六郎は、自分ではないと、あとになって否定している。じっさい、最初に斬り込んだ彼は槍持ちなどと格闘しており、発砲する余裕はなかっただろうと推測できる。

しかし、もう一人の黒沢忠三郎も、自分が発砲者とは認めていない。

ピストルを使ったことを明らかにしなかったのは、攘夷派の武士が天誅（てんちゅう）を加えるのに、西洋から伝わった飛道具を使うのはいかにも卑怯だ、という思いがあったためではないかといわれている。

しかし、浪士の一人は「ピストルの銃声が斬り込みの合図だった」と、はっきり認めている。そのため、実際ピストルが使われたのは確実で、引き金を引いたのは、黒沢忠三郎だったと考えられている。

また、第二次大戦後、井伊直弼の遺骨を見た医師岡島玄達が、太腿から腰に抜ける貫通銃創を報告していたことが明らかにされた。これが本当なら、ピストルは合図に使われたどころか、直弼自身に命中していたということになる。

なぜ、その事実が伏せられたかというと、窮地に立たされた幕府の都合で、事件直後、直弼は負傷しただけと発表したことが影響していたという。事件から二カ月たって、やっと「直弼は病死」と発表された。そのため、井伊家でも真相が公表できなかったらしい。

さらに、明治維新後は、新政府から水戸浪士の「義挙」ばかりが宣伝され、ピストルの話は不問にふされたという事情もある。

誰が撃ったかは、今も完全には特定できていない。ときの権力者の都合で、桜田門外の変の真相は、解明されないまま、後世に伝えられていくことになったのである。

「池田屋事件」のきっかけと結末をめぐるいまでも解けない謎

元治元年（一八六四）六月五日、京都三条の旅籠池田屋に近藤勇をはじめとする新撰組が斬り込み、攘夷派の武士を根こそぎ斬殺、あるいは捕縛した。これが、新撰組といえば、必ずといっていいほど話題にのぼる「池田屋事件」である。この事件で、新撰組の名前は、いちやく天下にとどろいた。

当時、京都の政治情勢は緊迫していた。前年、いわゆる「八月一八日の政変」で、宮中から攘夷派の公家が一掃され、攘夷派・倒幕派の浪士たちにとっては、冬の時代を迎えていた。彼らは、今でいう地下潜伏の形で政治活動を続け、攘夷派の復権、あるいはクーデターのチャンスを狙っていた。そのような情勢下、新撰組は、京都市中の治安維持に当たっていた。

池田屋事件の前、新撰組は多数の浪士が京都市中に潜伏していることを嗅ぎつけていた。そして、四条木屋町に住む枡屋喜右衛門を捕らえた。この男は、本名を古高俊太郎という近江出身の攘夷浪士だった。

古高は苛烈な拷問を受け、攘夷派のクーデター計画を自供したといわれる。

新撰組は、この自供を得て、ただちに臨戦態勢に入った。京都守護職と連絡を取り、やはり治安維持に当たっていた会津藩の出動を要請。自らは京都市中に飛びだした。ただ、この夏、新撰組では病人が続出して、出動できるのはわずか三〇人余り。この年の京都は例年にない酷暑で、夏風邪や食当たりで寝込んでいる者が多かったのだ。

近藤勇

一方、浪士グループは、古高が捕まったことを知り、善後策を協議するため、池田屋に集合していた。決起を急ぐか、先のばしするかという話し合いが、二階の座敷ではじまった。
当初、新撰組は、浪士が池田屋に集まっているという情報まではつかんでいなかった。そこで、三条、四条一帯の宿屋、料理屋など、浪士が潜伏していそうな場所をくまなく調べて歩いた。この聞き込みで、「池田屋と縄手通りの四国屋が怪しい」という情報をつかんだようだ。

この情報に基づき、新撰組は隊を二つに分けた。近藤勇ら九人は池田屋に向かい、土方歳三率いる残りのメンバーは四国屋に向かった。

ここで、注意したいのは、土方隊のほうが圧倒的に人数が多いことだ。人数から見て、どうやら当初の情報では、四国屋が本命で、池田屋は念のためという感じだった可能性が大きい。近藤隊が池田屋に到着したのは、午後一〇時前後のことだったという。

そして、近藤たちは斬り込むわけだが、一説には、池田屋の鍵を開けたのは、薬屋に化けて池田屋に宿泊していた隊士山崎烝（すすむ）だったという。しかし、この話にも、不思議な部分がある。もし、隊士が潜入していたのなら、「池田屋に浪士集結」という情報がもっと早くもたらされていてもおかしくないはずだ。そして、すべての隊員がこちらを襲撃していたはずである。だが、事実、主力と思われる土方隊は、四国屋に向かっている。このあたりの経緯にも、よくわからない部分がある。

結局、近藤勇は見張りをのぞく五、六人で浪士たちのいる二階へと斬り込むことになる。しかし、この近藤の判断も、よくわからない。なぜ、土方隊の応援を待たず、会津藩の到着も待たず、わずかな人数で踏みこんだのか？

たしかに近藤隊には、沖田総司、永倉新八など、新撰組の中でもとくに腕の立つ隊士がそろっていた。だが、いくら少数精鋭とはいえ、とてもうまい作戦とはいえない。局長自ら先頭に立って斬り込むという、近藤の恐るべき度胸は認めるにしても……。

池田屋での戦いは、二時間（一時間強ともいう）ほど続いた。一一時半ごろ、土方隊が応援にかけつけると、新撰組が優勢となり、浪士のほとんどは新撰組に切り殺されるか、屋外に逃げたところを遅れて到着した会津藩士らに捕らえられた。

土方歳三

この一件で、攘夷派は有力な浪士をほとんど失った。そのため、「明治維新は一年は遅くなった」という見方もある。

しかし、この一件で、もともと過激だった長州藩はもちろんのこと、それまで穏健だった他の攘夷派諸藩も憤激し、倒幕の勢いに火がついたことも事実だ。そのため、「明治維新は早くなった」とみる人も少なくないのである。

「ええじゃないか」に〝仕掛け人〟はいなかったのか

慶応三年（一八六七）といえば、幕末の争乱がクライマックスを迎えた年である。一〇月一三日、一五代将軍・徳川慶喜が大政を奉還、一二月九日には王政復古の大号令がくだった。

この重要な年、庶民は何をしていたか？　じつは、男も女も、踊りまくっていたのである。今でいえば、毎日がカーニバル状態だったといっていい。

発端は、この年七月（八月という説もある）、現在の愛知県豊橋市近辺で、皇大神宮の御札が空から降ってきたことだった。人々は「これは何かの吉兆に違いない」と感じ、「ええじゃないか、ええじゃないか」と連呼しながら踊りはじめた。その後も、御札は降りつづき、人々の熱狂状態は加速していった。誰もまじめに働かず、ただ「ええじゃないか」と一日中踊りつづけるのだ。

そして、この奇妙な熱狂状態は、たちまち名古屋、静岡方面へ伝染し、「ええじゃないか」と踊りだす人が爆発的に増えていった。一〇月には京都、大坂、一一月には江戸にも伝わった。

空から降ってくるのも、初めは皇大神宮の御札だったが、地域が広がるにつれ、各地の有名神社の御札が降りはじめたという。そのうちには、小判や銀が降ってきたとか、美女や生首が降ってきたという噂も広まった。

やがて、男は女装し、女は男装して一日中踊り、裕福な家に押し入っては、勝手に酒を飲みだすなど、東海道全域が無政府状態のようになった。役人が止めに入っても、「ええじゃないか」でおしまいなのである。

だが、そもそも空から御札が降ってくるなんてことが、ありえるはずがない。そこで、この「ええじゃないか」には、陰謀説が存在する。倒幕側が世の中の秩序を乱すため、仕掛けたものだったというのである。

明治を代表するジャーナリスト、福地源一郎は「御札降りは、京都方が人心を騒擾（そうじょう）させるために施した計略なり」と推測し、元勲・大隈重信も「誰かの手のこんだ芸当に違いないが、まだその種明しがされておらぬ」と書き残している。

事実、「ええじゃないか」の影響で、幕府の行政機能は大混乱した。そして、この時期は、倒幕側が「倒幕の密勅」を含め、倒幕に向けて数々の密議をすすめてきた最終段階でもあった。この騒動の余波で、倒幕側の動きが隠蔽され、幕府の対策が後手にまわったということは、十分にあったかもしれない。

少なくとも、自然発生的に生まれた庶民のエネルギーを、倒幕側が最大限に利用したのは、確かなようである。東海道一帯に短期間に広まったのも、倒幕側が人為的に広めたとも考えられる。

傍証をあげれば、一二月九日の王政復古のあと、「ええじゃないか」の大騒動はぴたりとやんでしまうのである。そして、年明けには鳥羽・伏見の戦いがはじまり、幕府は一気に終焉に向かわざるをえなくなるのである。

なんとも不思議な「ええじゃないか」であるが、これを〝世直し〟を求める庶民のエネルギーの爆発とみれば、踊りまくったことは、けっして無駄ではなかったといえるのかもしれない。

島津藩主・島津斉彬の死の〝不可解さ〟はどこからくるのか

ペリーの黒船来航後、幕府は、二つの問題に直面していた。一つは、日米修好通商条約の勅許問題。もう一つは、将軍家定が病弱だったため、後継の擁立を考えなければならないことであった。

それに対して、大老となった井伊直弼は、勅許を待たず、勝手に通商条約に調印してしまう。さらに、次の将軍も、薩摩藩主島津斉彬らが推した一橋慶喜ではなく、紀州の徳川慶福（よしとみ）（のちの家茂）に決定した。

これに失望した斉彬は、西郷吉之助（のちの隆盛）に、「このうえは、朝廷を擁して、幕府を改革するよりほかに方法はない。そのためには、自ら大兵を率い、上洛するかもしれない」と決意を語っている。

そして、来るべき日に備えて、斉彬は、鹿児島城下の天保山で、大規模な軍事訓練を繰り返していた。斉彬は、並みの大名ではなく、日本の将来を憂う愛国の士だったのである。

ところが、安政五年（一八五八）七月九日、斉彬は、突然の高熱、腹痛、下痢に襲われる。蘭医坪井芳洲は、当時流行していた「虎列拉（コレラ）病」と診断している。その後、斉彬の容体は、日に日に悪くなっていく。やがて、これも運命とあきらめたのか、御用御取次の山田壮右衛門や、弟の久光を呼んで遺言し、ついに帰らぬ人となった。

一説によれば、診断書の内容から「赤痢」だったという意見もあるが、その死因は謀殺説もあって、依然謎である。謀殺説の場合、まず父斉興（なりおき）が主犯だったとする説がある。斉彬が国事に首をつっこむのを、藩の前途を危うくするものとみて、城代家老島津豊後に命じて毒殺させたというが、証拠は何もない。

また、斉彬の遺言は、弟の久光の長男又次郎（のちの忠義）を斉彬の娘の婿養子にして藩を継がせるというものだった。これについて、久光が、又次郎を助けて藩政を後見するようにと遺言されたと語ったのに対して、御取次の山田壮右衛門が、「後見のことは聞いていない」と、そっけないのも引っかかるものがある。

江戸に生まれ育った斉彬が藩主であったのは、わずか七年半。そのうち、鹿児島に暮らしたのは四年半にすぎない。いわば、〝落下傘藩主〟だった斉彬の急進的な改革が、家中に敵を増やしていたことは間違いないといえるだろう。

裏から読み解く大久保利通の暗殺事件の真実

明治一一年（一八七八）五月一四日午前八時、内務卿・大久保利通は、いつものように霞が関の私邸を馬車で出発した。赤坂仮御所をめざしていた馬車は、八時半ごろ、紀尾井町にさしかかった。

そのとき、草陰から六人の刺客が飛び出し、斬りかかってきた。馬車に従っていた書生らが応戦したが、まったくかなわない。大久保は馬車から脱出しようとしたところを刺客に封じられ、「無礼者！」と一喝したところを斬り殺された。

犯人は、石川県士族・島田一郎ら、六人の不平士族だった。彼らは、すぐに自首し、事件から二カ月後、六人全員が処刑された。これが、「紀尾井町事件」と呼ばれる大久保利通暗殺の顚末である。

島田一郎らは、犯行前、新聞社に「斬奸状」を送りつけていた。それには、大久保の独裁的な姿勢への批判、外交政策の誤り、国費の無駄づかいなど、暗殺の動機がつづられていた。

大久保利通

もともと、島田らは西郷隆盛に心酔し、西郷の決起とともに蜂起する計画を持っていたという。しかし、西南戦争（明治一〇年・一八七七）が九州の局地戦で終わったため、参加のチャンスがなく、政府首脳の暗殺を計画したのだった。
島田らは、大久保を含め、木戸孝允、岩倉具視、大隈重信、伊藤博文、黒田清隆、川路利良（としよし）の七人を標的にしていたという。いずれも明治という新しい時代を動かしていくそうそうたるメンバーである。
そういう文書が残ってはいるのだが、犯行後、すぐに自首したところを見ると、七人全員を本気で殺害する意図はなかったのかもしれない。自分たちに続く者の存在を信じ、自首したとも考えられる。

この大久保暗殺には、黒幕がいたとする説もある。西郷隆盛の側近の桐野利秋である。桐野は西南戦争で戦死しているので、大久保暗殺の時点では、すでにこの世にはいない。しかし、生前、島田らに指示を与えていた形跡があるというのだ。

西南戦争のきっかけは、明治九年の終わり、大久保が鹿児島に密偵を送り込み、西郷側がその一人を捕らえたところ、「西郷の暗殺指令を受けていた」と自供したことにあるという。少なくとも、桐野を含めた鹿児島の士族たちが、大久保が西郷暗殺を企てていたと信じていた可能性はある。

そこで、逆をついて、桐野が大久保暗殺を島田らに命じたとしても不思議ではない。島田一郎は、明治七年と九年の二回、西郷隆盛を訪ね、桐野にも会っている。ただ、この説は、幕末、桐野自身が暗殺者として動いていた経歴を持つことから連想された話らしく、裏付けには乏しい。

もし、桐野が大久保暗殺を実際に考えていたとしても、彼の性格からすれば、他藩の出身者ではなく、薩摩藩の出身者に命令しただろうという見方もある。

本書は、1998年に刊行された『知ってて知らない——【日本史】謎解き読本』（小社刊）をもとに、新たな情報を加えて、再編集したものです。

青春文庫

仮説の日本史

定説では解けない謎の真相に迫る！

2022年12月20日　第1刷

編　者　歴史の謎研究会
発行者　小澤源太郎
責任編集　株式会社プライム涌光
発行所　株式会社青春出版社
〒162-0056　東京都新宿区若松町 12-1
電話 03-3203-2850（編集部）
03-3207-1916（営業部）
振替番号　00190-7-98602
印刷／大日本印刷
製本／ナショナル製本
ISBN 978-4-413-29818-6